贝伦森艺术史
Berenson's
History of Art

文艺复兴的意大利

佛罗伦萨及中部画家

[美]伯纳德·贝伦森 著

李骁 译

上海书画出版社

我无法摆脱内心那顽固的声音，它一直在低语，有时还在嘶吼：
"你不该与博学之士竞争，也不该让自己成为那类模棱两可的'专家'，
你应当拓展并澄清与享受艺术作品有关的见解，这些见解属于你自己，
是你生命经验的喷发。"

　　　　　　　　　　　　　　　　　　　　　——伯纳德·贝伦森

目录
CONTENTS

出版说明

Publication Notes

　　伯纳德·贝伦森［Bernard Berenson，1865 年 6 月 26 日—1959 年 10 月 6 日］是研究意大利文艺复兴时期艺术最著名、最具影响力的鉴赏家之一，他为文艺复兴时期艺术藏品体系的建立和研究贡献了巨大的力量。

　　贝伦森在立陶宛出生，后移居美国，于哈佛大学接受教育。在哈佛学习期间，他热衷于文学，并扩展了自己的语言知识。这段求学经历为他成为一位杰出的艺术史家、评论家和收藏家奠定了基础。贝伦森的妻子玛丽·科斯特洛 [Mary Costelloe] 也是一位艺术史学者，他们在 1907 年购买了伊·塔提别墅。1959 年 10 月 6 日贝伦森在伊·塔提别墅去世，之后这座住宅和他们的收藏品被捐赠给哈佛大学，现为贝伦森图书馆和哈佛大学意大利文艺复兴研究中心。

　　贝伦森著述丰赡，随着《洛伦佐·洛托：论构建艺术批评》《佛罗伦萨画家素描集》《意大利艺术的研究与批评》《美国收藏的威尼斯绘画》《锡耶纳绘画研究文集》《方法三论》和《中世纪绘画研究》等一批专著的出版，贝伦森逐渐建立学术声誉，同时也奠定了他在艺术史研究领域的重要地位。其中《文艺复兴时期的意大利画家》是贝伦森最重要的作品之一，被誉为"四福音书"，一经出版即引起空前反响。《文艺复兴时期的意大利画家》分为四册，于不同时段写就出版：《威尼斯画家》1894 年首次出版发行，随后《佛罗伦萨画家》（1896）、《意大利中部画家》（1897）和《意大利北部画家》（1907）相继问世。在这部著作中，贝伦森首次提出并阐释了诸多重要美学概念和方法，成为人们理解和鉴定文艺复兴时期艺术的经典之作。

　　本次翻译出版，系贝伦森专著的首部中译本，皆以英文版首版为底本，并参照了贝伦森相关著述予以若干修订，同时根据文意重新配入图版辅以阅读。中译工作得到了诸多业内学者的支持和帮助。希望通过本书，为中文读者打开更多有关艺术史阅读的视野，也希望贝伦森所提出的美学观念，可以为读者鉴赏艺术作品提供多角度的"观看方式"。

上海书画出版社

2025 年 1 月

中文版前言 Ⅰ

乔纳森·K. 奈尔逊 | 雪城大学佛罗伦萨分校授课教授
Jonathan K. Nelson | 曾任哈佛大学意大利文艺复兴研究中心 [Villa I Tatti] 副主任

当伯纳德·贝伦森的《文艺复兴时期的意大利画家》四卷本在 1896 年至 1907 年间首次出版时，读者认为它们"非常合理地解释了普遍存在的偏好或信仰"。这是约翰·波普 - 亨尼西 [John Pope-Hennessy] 对这套书 1936 年版的评价，他还说："时间没有冲淡它们的新意，也没有降低它们的价值。"从 19 世纪末到 1959 年离世，贝伦森一直是研究意大利文艺复兴艺术的国际权威。贝伦森受人敬重，不仅因为他基于当时刚发展起来的鉴定"科学"，对画作归属作出判定，还因为他以非凡的技巧勾勒出从乔托 [Giotto] 到米开朗基罗 [Michelangelo] 的意大利艺术人物的基本品质。因此，读到贝伦森在 1915 年写给伊莎贝拉·斯图尔特·加德纳的一封信时，不免令人感到惊讶。加德纳曾赞助过贝伦森早年在欧洲的旅行，后来贝伦森还作为有偿顾问建议她买下如今在波士顿的宏伟藏品。贝伦森参观了一处重要的亚洲艺术收藏地之后，在信中写道："我多么希望我的人生是在起步阶段！我应该像对待意大利一样，全身心地投入到中国。"这不只是夸张，中国艺术对贝伦森的美学产生了深远却鲜为人知的影响。就在贝伦森撰写他最著名作品的那几年，他探索了东亚艺术和文艺复兴时期意大利艺术中精神性和线性的品质。这一跨文化主题随后被他的门生、日本学者矢代幸雄 [Yukio Yashiro] 在 1925 年出版的专著《桑德罗·波提切利》中加以发展。

1903 年，贝伦森一系列关于萨塞特 [Sassetta] 的圣方济各画作的代表性文章充分地表达了他对东亚艺术的观点。萨塞特是一位 15 世纪的锡耶纳画家，当时只被专家所知。贝伦森则将矛头指向了他研究的意大利文艺复兴时期的缺陷。

　　人物艺术是否能传达一种精神性的感觉？如果我们把注意力仅仅局限于欧洲艺术，那确实如此，因为我们的绘画表达显然无法从人的形象中得到更多英雄主义、宏伟、非凡——这些在根本上令人印象深刻的东西。但如果我们转向东方，会发现他们的赋形艺术 [arts of design] 确实传达了一种精神性的感觉。

贝伦森举的例子是《五百罗汉》[*Five Hundred Lohans*]，这是成系列的佛像挂轴，由周季常在12世纪末绘制，现藏于波士顿美术馆。正如贝伦森在一条注释中提到的，著名的亚洲艺术专家恩内斯特·费诺罗萨 [Ernest Fenollosa] 曾在1894年向他展示过这些作品。在他当年写给未来的妻子玛丽·科斯特罗的信中，贝伦森曾动情地讲述了这段经历：

> 费诺罗萨给我看了一系列12世纪的中国画，向我展现了一个新的世界。首先，画中的人物和群像构图极尽完美而简单，就像我们欧洲人曾竭力做到的……最令人惊讶的是，他们在全身心地悔悟，全是福音书段落或是圣弗朗西斯事迹中最温柔的特质：谦卑、爱、人性。我们欧洲人（曾以）"线条""色彩"和"色调"（接近）这一切，但从未做到。

贝伦森还讲述了日本绘画对他的影响远胜于他在欧洲所见的绘画，以及前者与弗拉·安吉利科 [Fra Angelico] 和安布罗乔·洛伦泽蒂 [Ambrogio Lorenzetti] 作品的相似之处。在1892年贝伦森写给他的妹妹森达的一封信中，讲述了他撇开主题，在文艺复兴、日本或现代艺术中寻找美学品质的过程。无论是图像学还是对绘制作品的文化的理解，对他来说都不重要，重要的是观者对艺术家视觉表达的敏感度。

> 对我来说，素描中线条的特性、爆发力 [force]、决断（力）[decision] 意味着一切。同样的爆发力、活力和决断（力）加上对整体的快速感知，也就是色调，是我对色彩的全部要求……我愿意欣赏任何有质感的画面，无论是乔托、葛饰北斋 [Hokusai] 还是德加 [Degas]。

贝伦森在第一篇艺术史文章中也提出了类似的观点，他还提到了波士顿的一批中国画，当时归于李公麟名下。这篇评论写于1896年，关于波提切利 [Botticelli] 为但丁的《神曲》绘制的插图本，在当时，波提切利作为文艺复兴的典范名声大噪，贝伦森对这位艺术家的看法却极具挑衅。"作为一名绘画者，他的真实位置不是在伟大的欧洲人中间，而是在伟大的中国人和日本人中间，与李龙眠、铃木春信 [Harunobu] 和葛饰北斋并列。和这些人一样，他是线描艺术的绝顶高手。"贝伦森在他的《佛罗伦萨画家素描集》（1903）中几乎一字不差地重复了这段话。1896年，他在《文艺复兴时期的意大利画家》第二卷《佛罗伦萨画家》中又拓展了这个观点。谈到波提切利时，贝伦森称赞他的线条不是为了再现自然，而是要描绘运动。"那么，这种线条作为运动的典范，如所有艺术中的本质要素，有着刺激我们想象力以及直接传达生命的力量……在这门艺术中，桑德罗·波提切利或许在日本或东方的其他国度有旗鼓相当者，但在欧洲永远没有。"

贝伦森在 1903 年关于萨塞特的文章中，将这一观点向前推进了一大步，他认为西方艺术的根本局限是"几乎无法克服只是抄录事实的倾向，它的本质是不遗余力地实现物体的物质意义，特别是人的裸体，这是它的主要表达工具。我们的艺术很早就发现，相比借助线条，通过造型能更稳妥地实现这种最珍贵的努力……因此，佛教艺术比基督教艺术在宗教表达方面有巨大优势的诸多原因中，我们必须正视一个事实，即中国—日本的赋形几乎完全是一种轮廓艺术，具有运动价值 [values of movement] 和以它自己的方式而非我们的空间构图 [space-composition]"。

多年来，贝伦森将他在大量文艺复兴艺术中发现的对真实性的追求与他在德加和东亚绘画中所推崇的形式特质进行了对比。现在看来，完全陌生的中国画的强大影响使贝伦森有了新的思考。这些作品的平面性，以及对轮廓和运动的强调，使得东方的艺术家以及西方的艺术家，在极少数情况下，能够传达出一种对精神上的感觉。

这种探究，以及他对东亚艺术的欣赏，也反映在伊·塔提别墅收藏的少量但精致的中国绘画和雕塑中，还有助于解释为什么贝伦森在他的别墅里欢迎年轻的日本学者矢代幸雄。矢代幸雄拜访时带着大英博物馆亚洲艺术专家劳伦斯·宾雍 [Laurence Binyon] 的介绍信，信中写道，他的日本朋友"来到欧洲研究欧洲艺术，但并没有背弃自己"。矢代幸雄在贝伦森的指导下在伊·塔提学习，后来又赴伦敦学习，1925 年他拿出了三卷本的波提切利研究报告，成绩斐然。

将近半个世纪后，矢代幸雄在 1972 年的自传中讲道，贝伦森听说他的门生计划出版专著时，曾建议他"出一本小书……因为没有人想从日本人那里了解波提切利"。矢代幸雄想"我真该死"，于是决定"在欧洲出版一本关于波提切利的宏大、全面的著作"。他肯定意识到，这将是亚洲学者为西方艺术家撰写的第一本大型英文专著。矢代幸雄接受了一个雄心勃勃的计划：挑战西方最权威的日本艺术史家冈仓天心 [Okakura] 的世界艺术方法。《东方的理想》是冈仓天心最具争议和影响力的著作，首次出版于 1903 年，而且只有英文版，但矢代幸雄肯定知道该书曾于 1920 年在伦敦再版，而且可能听说过有些章节在当时被翻译成了日文。在《桑德罗·波提切利》的导言中，矢代幸雄大胆地对冈仓说：

> 他对《东方的理想》的所有研究与西方形成了鲜明的对比，我知道日本的许多年轻
> 学者也在遵循同样的想法……一般说来，东方作家持有截然不同的观点，认为西方艺术
> 是物质福祉的巅峰，东方艺术是精神福祉的巅峰。

20 世纪初，当西方许多人担心东亚威胁时，冈仓却采取了论战的立场，将欧洲文明的冲击视为亚洲的"白色灾难"。冈仓死后，他的一些观点被追随者歪曲和放大，为日本泛亚主义提供了

思想基础。日本展开了一场围绕西方价值观的文化战争，这场战争在 20 世纪 20 年代有着出人意料的重要性，矢代幸雄则希望与他认为的冈仓及其追随者的观点保持距离。与冈仓强大的亚洲一体形象形成鲜明对比的是，矢代幸雄写道："东方和西方在文字上对立，在现实中，是否存在如此根本的差异？……抛开地理差别，艺术具有普适性。"

贝伦森和东亚绘画与版画的首次接触，帮助他在年轻时厘清了对西方艺术的看法，并寻求超越地域界限的品质，三十年后，他的门生也走上了类似的道路。矢代幸雄的《桑德罗·波提切利》代表了对抗日本泛亚主义文化基础的努力。波提切利之所以适用于这个目标，是因为相比其他任何一位西方艺术家，他更能揭示出一些学者认为的主要与亚洲艺术相关的精神品质。出于同样的原因，矢代幸雄对他归结于前导师的观点提出了尖锐的异议。"根据贝伦森先生的思路，在波提切利的艺术中，人们能感受到一种精神元素，类似于东方艺术的诗意或神秘属性。"这段被忽略的文字，让我们深入了解到贝伦森在 20 世纪 20 年代的观点。矢代幸雄肯定知道，这与贝伦森在 1896 年的著作中对波提切利的描述发生了重大的改变，"在他最辉煌的岁月里，他把一切抛在脑后，甚至把精神意义都置之不顾，只为再现那些在画面中能直接传达生命 [life-communicating] 和提升生命 [life-enhancing] 的品质"。矢代幸雄并没有追随将神秘属性与亚洲艺术联系在一起的贝伦森和更早的作家，也对东方影响了早期文艺复兴的旧观念提出质疑。相反，他关注的是"东方和西方的理想在他的天赋中自发地汇合"。对矢代幸雄来说，或许对贝伦森来说，波提切利体现了"艺术的普适性"[the universality of art]。

我们在贝伦森写于二战期间(1940 年)的一封信中读到了这样的内容。"你，我亲爱的矢代幸雄，是艺术之城的自由人之一，对我们来说（我敢说包括我自己在内），所有的艺术都属于一个整体。没有意大利的，没有欧洲的，没有亚洲的，没有中国的艺术，有的是不同气候和地区的艺术。作为艺术，重要的是它的统一性和普适性，而不是说明性的差异。"

两位学者都认为，在全球任何一个地方产生的艺术都可以与各地敏感的观众交流。但如果是文本呢？这个问题特别适合抛给《文艺复兴时期的意大利画家》首版中译本的读者们。贝伦森本人在 1951 年 11 月为他的自传《自画像速写》日译本写的序言中也谈到了这个问题。他指出，"翻译的困难不是在另一种语言中找到语义的对应词"，而在于这些短语连带的文化联想。尽管如此，他最后还是希望自己的书能达到"这样一种自觉，即世界各地受过良好教育和培训的人，不分种族、国籍和传统，都能作为人性化的（他对文明的称呼）人而相遇。我自己不也享受过日本和中国经典的翻译吗？"

我相信，这些话不仅反映了贝伦森与东亚读者交流的强烈愿望，也反映了他在 1951 年 4 月收到的一封来自陈世骧的信。这位著名的文学教授曾来伊·塔提研究贝伦森收藏的《山庄图》，这是已经佚失的李龙眠原作的摹本之一，画中题有宋代诗人苏辙的短诗。在给贝伦森寄去译本时，陈先生解释道："我尽可能忠实于原作，虽然我确信我没有充分体现原文的微妙之美……但是我希望，不顺畅的真实能具有一些弥补性的优点，而不仅仅是流畅的语言。"

虽然贝伦森和陈先生一样，承认翻译有明显的局限性，但他们也认识到翻译的巨大优点。贝伦森在 1956 年写下那篇重要的备忘录《论伊·塔提的未来》时，一定想到了像矢代幸雄和陈世骧这样的东亚学者。贝伦森设想开辟一个研究中心，让来自北美、欧洲和"远东"的有天赋的个人聚集在一起，"他们有自己的民族传统，不同的态度和方法"。尽管《文艺复兴时期的意大利画家》中所表达的喜好和信仰已不再具有普适性，但这些重要卷册的翻译将促进作者所倡导的思想的自由交流。

参考文献：

有关贝伦森与亚洲艺术，参见 Robert E.Harrist, Jr., "So mysteriously close: East Asian art in the early writings of Bernard Berenson, ca.1894–1903", *Inventing Asia: American Perspectives around 1900*, eds. Noriko Murai and Alan Chong (Boston 2014), pp. 7–37。

有关贝伦森与陈世骧的交往，参见 Lino Pertile, "Letter from Florence", *Villa I Tatti* [newsletter], vol. 32 (Autumn 2012), pp.1, 3。

有关矢代幸雄，参见 Jonathan K. Nelson, "'A Japanese Critic on Botticelli': Fragmentation and Universality in Yashiro's 1925 Monograph", in *Botticelli: Past and Present*, eds. Ana Debenedetti and Caroline Elam (London 2018), pp. 203–217 和 *Yashiro and Berenson. Art History between Japan and Italy*, ed. Jonathan K. Nelson，http://yashiro.itatti.harvard.edu/。

中文版前言 II

曾四凯 | 中国美术学院博士，贝伦森艺术理论研究者

伯纳德·贝伦森是 19 世纪末、20 世纪初最具影响力的鉴定大师，他的一生都与意大利文艺复兴时期的绘画鉴定紧密地联系在一起，他留下的学术著作和鉴定成就、他参与创建的加德纳博物馆以及哈佛大学意大利文艺复兴研究中心，都让我们领略到他非同凡响的艺术鉴赏力。

成书过程

伯纳德·贝伦森最重要的学术著作，基本上都是在 40 岁之前完成的。他于 1894 年出版了《文艺复兴时期的威尼斯画家》，这是他出版的第一本专著，紧接着，他又相继出版了其他三本：1896 年出版的《佛罗伦萨画家》、1897 年出版的《意大利中部画家》、1907 年出版的《意大利北部画家》。在这四部著作中，伯纳德·贝伦森的美学观念得到了充分的阐述。不过，贝伦森美学理论的核心主要囊括于《佛罗伦萨画家》和《意大利中部画家》这两册书当中。然而，这四本书通常都被认为是一个不可分割的整体，被专家们亲切地称为"四福音书"，并且这四本著作也为贝伦森带来了国际性的声誉。在 19 世纪末，正是由于贝伦森的这一系列著述，他日益为世人所熟知，声名鹊起。

在《威尼斯画家》这本书中，贝伦森大胆地列出了 34 位艺术家的名单，贝伦森认为他们构成了威尼斯画派，并且试图准确地鉴定出他们所有的传世作品。他以自己列出的这份名录向这一领域的权威发起了挑战。贝伦森试图给这个领域设定新的严格标准，他认为"权威"们当年的写作环境很恶劣，当时的旅行速度比自己所处的时代缓慢得多，而当时的摄影术还不足以有效地辅助他们进行科学的鉴定。贝伦森认为，鉴定绘画作品如今已经变成像"精确的科学一样"，这在很大程度上应该感谢摄影术，他们能够把散落在欧洲各地的绘画作品进行最精确的复制。贝伦森强调说，除了少数收藏于圣彼得堡的画作之外，对于自己书中讨论的所有画作，他都有过直接的观看体验。《威尼斯画家》一书促进了对文艺复兴艺术的研究，并且引起人们对这一领域的重视。通过对绘画作品剔芜存精的筛选过程，贝伦森给予收藏者对艺术品市场新的信心，让他们能够发现文艺复兴时期的绘画真品；并且通过减少威尼斯画派存世珍品的数量，他也成功地提升了那部分绘画珍品的价值。这本书也迅速地让贝伦森成为意大利文艺复兴艺术研究的专家，并且成为美国的第一位"鉴定家"。

1896 年，贝伦森又一部重要的作品《佛罗伦萨画家》问世，这本著作给艺术史的学生们引进了"触觉值"[tactile values] 的概念以及艺术"增强生命力"[life-enhancement] 的功能，这个美学理论在书中介绍乔托和马萨乔的内容中出现，之后马上成为一个时代的流行语。贝伦森受威廉·詹姆斯的《心理学原则》一书的启发，解决了美学研究的一大难题，也就是从心理学而非哲学层面来解释我们对艺术之美的快乐体验。

贝伦森认为佛罗伦萨画家，从乔托到米开朗基罗的画都具备这样一种美，观者能够在二维平面里得到三维空间的体验，使观者的视觉效果可以延展出一种类似触觉的感受。佛罗伦萨画家不像威尼斯画家那样重视色彩，因而他们的成功就在于他们刺激观者的"触觉想象"[tactile imagination] 的能力特别出色。通过对艺术审美的分析，贝伦森认为"触觉值"是绘画所特有的艺术美感。

尽管学术界对此书褒贬不一，但是 1896 年夏天，当贝伦森和玛丽到德国的美术馆参观时，却不时看到艺术专业的年轻学生揣着这本书作为观赏名画的指导手册，他们为此深感自豪。

到了 1897 年，贝伦森又出版了《意大利中部画家》，书中高度赞扬拉斐尔画作的构图水平，提出了"空间构图"[space-composition] 这一概念，并继续深化"触觉值"的概念，威廉·詹姆斯读过该书后盛赞自己的学生。这本书虽然在欧洲引起不少争议，但在美国却大受好评。

《意大利北部画家》从一开始创作就进入瓶颈，写作进展相当缓慢。为了完成这本书，贝伦森经常需要进行实地考察，以便编订这本书详细的画家目录和清单。

1905 年 2 月，贝伦森开始挣扎着写作有关安德烈·曼泰尼亚 [Andrea Mantegna]（1431—1506）的部分，他是《意大利北部画家》中最早同时也是最主要的人物之一。正是在这段时间，贝伦森身体开始变得异常虚弱，严重消化不良的症状又再度发作。"何苦为了一本书而这样费尽心力，呕心沥血呢？"这对他来说似乎变成一种特别痛苦的煎熬。

在《意大利北部画家》一书中，贝伦森应用了诸如触觉值、空间构图、动作，以及微妙的视觉感受等标准，可事实证明这是令人感到相当困惑的任务，尤其是这一系列著述的最后一部分收录的画家名单里包含的伟大画家较少，贝伦森本人则认为文艺复兴时期意大利北部画家相对而言略显逊色，在某些方面达不到伟大画家的标准。

当他开始剖析文艺复兴时期意大利北部某一位艺术家的优点时，时常发现他的天赋总会被他在另一方面的缺点所遮盖，因此够不上"天才式"艺术家的标准。这样的困扰反复出现。因此，在贝伦森看来，即使是柯勒乔 [Correggio]（1489？—1534）也远远不如"拉斐尔、米开朗基罗、乔尔乔内和提香"，他总体的艺术成就也远在他们之下。

在一系列文艺复兴画家的研究著作问世之后，贝伦森的研究活动受到了维克霍夫（1853—1909)的关注，认为他的著作像卡瓦尔卡塞莱一样优秀。1930年，这四本书汇集成一部出版，题为《文艺复兴时期的意大利画家》，成为20世纪意大利文艺复兴美术史的权威著作。这部著作从此成为世界各大图书馆的必藏书目。不过，根据肯尼思·克拉克在自己的传记《自画像：另一半》一书的说法，刚开始，由于牛津大学的克拉伦登出版社对这些书不够重视，排版和印刷都很糟糕，因此，贝伦森的这一本著作《文艺复兴时期的意大利画家》销量异常惨淡。然而，后来他在费顿出版社工作的一位朋友霍洛维茨从克拉伦登出版社购回版权，重新排版，并配上精美的插图，匠心独运。之后，销量陡然上升，曾在数周之内售出 60，000 册。大有洛阳纸贵之势，立即成为这一领域最权威、同时也是最畅销的著作。

美学理论

在近现代的美术史家当中，伯纳德·贝伦森的艺术鉴赏理论应该算是相当具有原创性的，例如，他提出的"触觉值""触觉想象力""增强生命力""空间构图"等一系列美学概念都具有较为深远的影响。他提出的这一系列重要的美学概念，也大大地丰富了美学语言。尽管按照贝伦森的同学桑塔耶纳的说法："贝伦森相当缺乏系统性思维的能力。"但是他却尝试着通过拓展美学概念来帮助我们理解和掌握艺术现象的无限性。

贝伦森认为判断艺术作品杰出与否的一个重要标准，在于它是否具有"触觉值"，这也是贝伦森提出来的一个很重要的美学概念。

1. 触觉值、触觉想象力

伯纳德·贝伦森在《佛罗伦萨画家》一书中第一次提出了自己这个原创性的美学概念："触觉值"，这是贝伦森美学理论中一个非常重要的概念。他认为画家只有成功地给视网膜留下有触觉价值的印象，才算顺利完成自己的任务。

> 如今，绘画成为一门这样的艺术，它旨在仅凭二维平面便营造出艺术真实的永恒印象。因此，画家必须有意识地构建起自己的三维空间，正如我们所有观者都在无意识中做的一样。只有成功地做到给视网膜留下有触觉价值的印象，他才算顺利地完成自己的任务。因此，如果一件艺术品想要做到让我信以为真，并且对我产生持久的影响力，那么画家的第一要务，在于唤起观者的触觉，就要能够造成这样一种错觉，仿佛我能触碰

到它，就如同我的掌心和手指都拥有不同的肌觉 [muscular sensations]，正好与画中这个人物（或事物）各个凸起的部分一一对应。

伯纳德·贝伦森在《佛罗伦萨画家》一书中提出这个重要的美学概念，他在这本书中革命性地提出了观者在欣赏杰出的画作时可能会产生的一系列身体反应，虽然只是寥寥数语，却很形象生动地阐释了这个美学概念。

贝伦森提出这样一个具有重要意义的美学概念，应该受到过奥地利艺术史家阿洛伊斯·李格尔著作的影响，如《风格问题》和《罗马晚期的工艺美术》，同时在很大程度上也受到当时盛行的"审美的移情说" [empathy] 的影响。什么是"审美的移情说"呢？简单地说："它就是人在观察外界事物时，设身处在事物的境地，把原来没有生命的东西看成有生命的东西，仿佛它也有感觉、思想、情感、意志和活动，同时，人自己也受到对事物的这种错觉的影响，多少和事物发生同情和共鸣。"在东方，日本佛教学者铃木大拙（1870—1966）在他的《禅的无意识与艺术》一文中也写道："只是看是不够的。艺术家必须进入物体之内，从里面去感觉它，并亲身体验它的生活。"这两者之间颇有几分相似的意味。

贝伦森一直在思考着是什么使得美术作品有别于文学或音乐作品？欣赏绘画作品得到的这种愉悦感的真正根源是什么？由于单凭视觉并不能让我们准确地感受到三维空间，因此，这种感觉必须借助于观赏者的身体反应和触觉才能获得，只有通过肌肉感受动作才能得到。因此，画家如果想要在二维的平面里描绘出三维空间，他就必须给视网膜留下有触觉价值的印象才能获得这种效果。

尽管伯纳德·贝伦森在描述"触觉值"这个美学概念时所用的篇幅并不长，但是它在当时却引起了相当大的轰动。据报道：自从伯纳德·贝伦森提出"触觉值"这个理论之后，每一个走进博物馆看画的观众都开始期盼着自己的手指和掌心中能够产生贝伦森所说的那种奇妙的反应。

自从贝伦森提出了"触觉值"理论之后，他就拥有了一套非常行之有效的美学语言，可以用于分析文艺复兴时期佛罗伦萨画派的优劣之处。他认为佛罗伦萨画家在唤起观者的触觉想象方面的能力最强。

恩斯特·贡布里希在他的著作《艺术与错觉》一书中对伯纳德·贝伦森的美学概念"触觉值"做出如下评述：

伯纳德·贝伦森在 1896 年出版的论述佛罗伦萨画家的才华横溢的著作中，按照希尔德·布兰德的分析方式系统地阐述了他的美学信条。他以自己长于含蓄措辞的天赋，几乎把那位雕刻家的略显浮华的一整本书总结成这么一句话："画家只有给视网膜留下有触觉价值的印象才算是完成任务。"对于贝伦森来说，乔托或者波拉约洛值得我们注意之处是，他们恰恰做到了这一点。跟希尔德·布兰德一样，他也是更关心美学，而不是关心历史。

贝伦森认为佛罗伦萨画派的绘画作品在唤起观者触觉想象的能力方面甚至比我们见到真实事物时的感觉还要强烈。不仅仅绘画作品能够产生贝伦森所说的这种"触觉值"，雕塑作品同样也可以产生"触觉值"，例如贝伦森收藏的一些中国古代的佛教雕塑艺术品，尽管贝伦森的太太玛丽觉得它们外表狰狞，但是连她也不得不承认它们产生的"触觉值"确实非常强烈。

有趣的是，贝伦森认为他所见过的触觉值最强的事物是他经常去散步的山上看到的一棵树，他认为这棵树的"触觉值"特别强烈。贝伦森曾经带着肯尼思·克拉克一同前往参观和欣赏这棵树。克拉克认为贝伦森的每一本著作，都应该在扉页中最醒目的位置印上这棵树的形象，这样可以让人们更加直观地体会到贝伦森所说的"触觉值"。不过，令人倍感遗憾的是，随着贝伦森离开人世之后，肯尼思·克拉克再也找不到他经常去朝圣般仰望的那棵"触觉值"很强烈的树了。

伯纳德·贝伦森总是不遗余力地颂扬那些达到他所倡导的美学理想的艺术家，例如乔托、马萨乔、米开朗基罗以及委拉斯贵兹 [Velazquez] 等人，他深刻地感受着他们的艺术世界，认为这些伟大画家的许多作品都能够激发最强烈的触觉想象力。

贝伦森认为委拉斯贵兹的《布列达的投降》[The Surrender of Breda] 是一幅具有强烈触觉值的画作。他参观西班牙普拉多美术馆的时候，曾经在这幅画前面驻足了数个小时，深深为它着迷。他认为这幅画或许是表现某一个特定的历史场景最著名的作品，当然也是表现得最好的作品之一。

2. 提升生命价值

此外，贝伦森还提出一个与"触觉值"紧密相关的概念——"艺术提升生命"，这应该有点类似于精神上的"升华"或者相当于"增强生命力"。贝伦森提出这个美学概念在很大程度上是受到尼采的影响，他认为尼采的著作《悲剧的诞生》[Birth of Tragedy] 从心理学的角度出发为美学提供了一种最佳的思维方式，并且尼采的价值就在于"他憎恶一切有损于生命的事物，正如同他热爱一切有益于生命的事物一样"。在写作《意大利北部画家》及随后"艺术的衰落"等部分以及《视觉艺术中的美学与历史》一书时，贝伦森对这个概念加以发展，并且作出如下的解释：

"提升生命价值"指的是在想象中，将我们与作品中的人物、行为、状态融为一体，从而使我们获得希望，增强活力。

贝伦森美学理论中的"触觉价值"与"艺术提升生命"这两个概念之间密切关联，艺术品不可能只具有其中一个品质，而缺少另一项品质，两者缺一不可。其实，就是为了使"艺术提升生命"这个概念落到实处，贝伦森才提出了"触觉值"这个概念，他认为这种价值能够激发观者的触觉想象力，可以让我们感受到作品的形状、重量以及张力，最终与艺术品及其创作者之间近距离接触。

贝伦森认为乔托是自从古典时期以来第一个在自己的绘画作品中展现出这些美学特征的画家，他认为文艺复兴时期佛罗伦萨著名画家的作品中往往都能够突出地表现这些美学特征，它们可以达到使人的生命体验得以升华的效果。

"提升生命"这个概念比较抽象，它是一个相当模糊而令人难以捉摸的美学术语，一般人通常很难理解。根据贝伦森的理论，如果一件艺术品要做到"提升生命"，它就应当全方位地吸引和影响人们，包括他们的神经和感官。

此外，与"艺术提升生命"紧密相关的概念是"增强生命力"和"减损生命力"这一对概念。贝伦森就曾把自己晚年前往北非和西亚的"朝圣之旅"称为一次"提升生命"的美好经历。

3. 空间构图

伯纳德·贝伦森在《意大利中部画家》一书中，提出了"空间构图"这一概念，他认为翁布里亚画派为空间构图所支配，就如同佛罗伦萨画家的作品具有强烈的"触觉值"一样，这种空间构图能够在观者眼里激发形式和运动的"观念化感觉"[ideated sensations]。

另外，在同一部著作当中，贝伦森把锡耶纳画派分为装饰画家和插图画家，在他的美学理论中，他使用了"装饰"[decoration]和"插图"[illustration][1]来区分艺术的形式[form]和内容[content]，他在此处的用法与当代美学批评术语不一致之处，值得我们注意，否则很容易产生误解。

伯纳德·贝伦森在自己的著作中提出一系列独特的美学概念，极大地丰富了美学语言。

从诸多方面来看，"四福音书"是贝伦森最杰出的作品，这一系列著述在其出版后的一百多年里，几乎没怎么改动过，内容基本上还是保持原貌。这部《文艺复兴时期的意大利画家》几乎成为世界各大图书馆的必藏书目，它发挥着巨大的影响力，重塑广大艺术研究者看待文艺复兴绘画艺术的审美眼光，也让人们重新认识到文艺复兴艺术的伟大成就，这也是为什么在这一系列书目出版之后不久，美国和欧洲财力雄厚的各大博物馆再度把目光转向文艺复兴绘画名作的收藏，掀起另一轮热潮。

---

[1] 正文译为"图解"。（编者注）

1952 年英文版前言

Preface to The 1952 Edition

许多人在观看绘画时不知着眼于何物。他们常被要求去欣赏虚假的艺术品，且所知甚少，以至于无法像《安徒生童话》中的孩子一样说："看，那个皇帝明明什么都没有穿呀。"

公众隐约感到，自己未被滋养，而是有可能被欺骗，或是取笑了。

这就好比他们熟悉的食物供应被突然中断了，并被告知要吃完全陌生的菜肴，不仅口味怪异，甚或还有食物中毒的预兆。

在长期的经验之中，人类已经熟知可以作为食物的旷野之兽、天空中的飞禽、爬行动物、鱼类以及蔬菜瓜果。在数千年的进程中，人们也学会了如何烹制这些食物以厚待嗅觉与唇齿，使之美味可口。

在岁月的流逝里，我们中的一部分人以相同的方式知晓了什么样的绘画、雕塑、建筑可以滋养精神。

对待所见之物的态度如同对待所食之物一般凿凿的，为数寥寥。

正如我们所有人业已熟知最好的食物是什么一样，其中一部分人便认为我们已经知道最好的艺术是什么了。

一个深信其标准工作餐食物的人或许会因为改变而享受高品质烹调，这也有可能是出于好奇，但他总是会回归到自己以之成长的菜肴，如我们美国人所谓的"妈妈的味道"之中。

艺术缺少如食物般的迫切需求，教授孩童观看什么也并不像教他们吃什么那样。除非他们成长在一个有品位且富有的家庭之中，否则他们便不可能如我们所谓在学习语言时一般潜移默化地养成对视觉艺术的感受。而孩童学习词语与说话则是在他们知晓自己所用工具为何之前。之后，他们在学校里便受到教育要将语言作为一门艺术、一门用作沟通的说话与写作方式来练习与欣赏，主要则是通过阅读一流作家递进式的文学作品，以及学习如何理解、鉴赏与欣赏它们来完成。好恶的习惯则以那种方式深嵌于意识之中。它们借由生活指导我们面对还未归类、还未被奉为神圣的事物，并引导我们辨别什么事物是有或无价值的，是令人愉悦或值得努力去理解与欣赏的。它们终结于带给我们接近文学作品先前可能性的感受。

为什么我们不应该同样为了视觉艺术而尝试把这般习惯植入进孩子们的思想中呢？

遗憾的是，绘画的印刷（可以这么说）无法精确如绘制一般，不可能像作家的手抄本那样不失原作的品质。绘画的复制仍是权宜之计，且可能在很长一段时间内都是如此，即使精确且令人满意的彩色复制品成为现实。构图的尺幅必然会影响其品质，色彩则依附于它背后之物上面。诚然，同一种色彩在木材、石板、大理石或铜料上的呈现效果会各不相同，在不同织物上涂抹的呈现亦会有所差异，正如粗粝的帆布或上好的亚麻布这般实例所示。

因此总的来说（不顾今日对彩色复制品如孩童般的渴求，无论它是多么粗制），脱胎于留存影调与神采的照片的黑色与白色带来了原作最令人满意的图像。

心怀这样的信念，以及提供案例以培养眼睛与将眼睛当作工具使用的理想，这一版本的《文艺复兴时期的意大利画家》提供了 400 幅插图，囊括了开始于 1300 年左右终结于 1600 年这三百年间意大利绘画艺术的所有阶段。

例如，拜占庭阶段的代表是其风格于四海之内最伟大且最完美的大师，即杜乔 [Duccio]。坚实且是朴素触觉式的罗马风格的代表则是乔托这位最富有创造力且最成功的大师，以及他最为优秀的追随者安德烈·奥卡尼亚 [Andrea Orcagna] 和纳尔多·迪·乔内 [Nardo di Cione]。

15 世纪紧随而至，马索利诺 [Masolino] 与马萨乔 [Masaccio] 开始努力将绘画从哥特式堕落且生硬的矫揉造作中解放。马萨乔是复活的乔托，凭借人物恰当的形体、姿态和群像，甚至提升了高贵、责任与灵性的表现力。马萨乔早逝后，佛罗伦萨绘画受惠于伟大的雕塑家多纳泰罗 [Donatello] 和吉贝尔蒂 [Ghiberti]，在如弗拉·安杰利科、弗拉·菲利波·利皮 [Fra Filippo Lippi]、波拉约洛 [Pollaiuolo]、波提切利和莱奥纳多·达·芬奇 [Leonardo] 这般艺术家的培植下，在米开朗基罗、安德烈·德尔·萨尔托 [Andrea del Sarto] 和紧随其后的蓬托尔莫 [Pontormo] 及布隆奇诺 [Bronzino] 那里达到巅峰。直到那时，佛罗伦萨人不仅恢复了古希腊人所珍视的对裸像必不可少的精通，而且在风景画上超越了他们，这得益于他们对光影与透视更好的理解。

他们将这些成就传递至威尼斯及意大利的其他地方，尤其是威尼斯以及之后的法国与西班牙。

威尼斯和翁布里亚有足够的天赋利用佛罗伦萨的馈赠。他们可以丢弃佛罗伦萨画家太过虔诚或骄傲而未舍弃的脚手架，在其最为灿烂的最佳状态下诞下佩鲁吉诺 [Perugino] 与拉斐尔 [Raphael]，以及乔尔乔内 [Giorgione]、提香 [Titian] 和丁托列托 [Tintoretto]，他们皆以其魔力与色彩在庄重堂皇的环境与浪漫绮丽的风光中放置人物时表现出形式与欢愉的美景。

除了保罗·委罗内塞 [Paolo Veronese]（诚然，他来自维罗纳，终于威尼斯，并与提香和丁托列托这两个对手一样属于威尼斯画派），意大利北部仅诞生了一位最高水平的画家，即帕多瓦的安德烈·曼泰尼亚，米兰必然有福帕 [Foppa]、博尔戈尼奥内 [Borgognone] 和卢伊尼 [Luini]，其中卢伊尼被罗斯金视为意大利最具表现力且最令人信服的宗教画家。如今，我们更关心费拉雷塞 [the Ferrarese]、图拉 [Tura]、科萨 [Cossa] 和埃尔科莱·罗贝蒂 [Ercole Robertti] 的活力、热烈与想象力。他们充分施展了从多纳泰罗、弗拉·菲利波、安德烈·曼泰尼亚以及皮耶罗·德拉·弗朗切斯卡 [Piero della Francesca] 那里获得的东西。

在我们所涉及的这几个世纪间，意大利南部没有一位值得讨论的画家。西西里倒是有一名，安东内洛·达·墨西拿 [Antonello da Messina]，此人尚可称道的只有先后同佩特鲁斯·克里司图斯 [Petrus Christus] 及乔凡尼·贝利尼 [Giovanni Bellini] 往来的经历，后者是 15 世纪威尼斯画家中最具创造力且最迷人的。

视觉语言如口语一般改变巨大。直到接近 1300 年，理解我们祖先所说的撒克逊语还需审慎的训练。在意大利绘画中那个阶段对应于奇马布埃与杜乔，以及他们最紧密的追随者。

学会理解他们确实耗费精力。14 世纪末乔叟出现，我们对他的理解要轻松于对 15 世纪乔托、西蒙·马提尼及其后继者的理解。在那个及之后的世纪里，在拉丁文化各种各样的冲击下，我们的祖先向着接近我们的说话方式努力奋斗，在此奋斗进程中涌现了马洛、莎士比亚、西德尼、弥尔顿、但恩、赫伯特和赫里克，还有一大批籍籍无名的诗人，就像相同时期的意大利拥有弗拉·安杰利科、多梅尼科·韦内齐亚诺、马萨乔、弗拉·菲利波、波拉约洛、曼泰尼亚和贝利尼家族、波提切利、莱奥纳多及米开朗基罗一般。我们与德莱顿、艾迪生和蒲柏一道来到了通用英语的领域，而与提香、委罗内塞、洛托 [Lotto] 和丁托列托一道抵达了它们的视觉对应物之中。

幸运的是，视觉语言相较口语更易习得。比起盎格鲁 – 萨克逊语，甚或是中世纪的英语作家，人们学习理解乔托和奇马布埃会更为轻松且耗时更短。

如果我们期盼读者于最陌生而非最熟悉的事物开始观看，就像文学的情况一样，那么便不会要求他太多。

我不是一位勤勉阅读自己文章的读者。距离上一次从头至尾精读《文艺复兴时期的意大利画家》已过数十年。此刻在浏览这部作品的过程中，我已尝试如对待这个主题下的其他书册一般对待它。

总而言之，它似乎依旧实现了其目标。它没有尝试去阐述画家的家庭生活或独特技巧，而是说明了他们的绘画作为艺术作品之于我们当下的意义，以及它们作为愈发提升的当代生命活动能够为我们做些什么。本书可以帮助读者理解复制品讲述的故事，并可以使其发问在观看它们并试图说明享受视觉艺术作品——在此案例中，即意大利文艺复兴绘画——的反应时，他有何感受。

不论时空与艺术家，艺术的品质始终永葆如初。然而，我们对它的感受却受限于时空与艺术家的个性。熟知这些限制因素是欣赏与理解艺术作品所必需的。我们生来便抑止不住对事物根源与归依的发问，当我们不仅知晓它就其本身而言本质为何物，而且知道它从何而来又将通往何处时，才会对客体理解更多。

相较于观看绘画，不应浪费过多的时间在阅读其描述之上。在对艺术作品的享受、欣赏与理解层面，阅读裨益无多。知道艺术家的出生年月与地点，以及哪位前辈艺术家塑造并激发了他，也就足够了，甚至鲜少关乎将墨水笔、铅笔与刷子放在他手中的大师或老师。阅读一些形而上学与精神分析的文章更是收效甚微。若是一定要读些什么，绘画所属时期、地方的文学与历史即可。

我们必须一再观看，直至寄身于画中，并在转瞬间与之合而为一。假使我们无法热爱这久经岁月受人倾慕的艺术，自我欺骗，相信我们所做之事便是无用之功。我们是否感受到它与生命的调解，这是一项艰苦卓绝的试炼。

无法教化我们的作品不是艺术。如果失去艺术，视觉的、言辞的抑或是音乐的，那么我们的世界将依旧是一片丛林。

伯纳德·贝伦森
1952 年于佛罗伦萨伊·塔提别墅
（李骁、张伟晴　译）

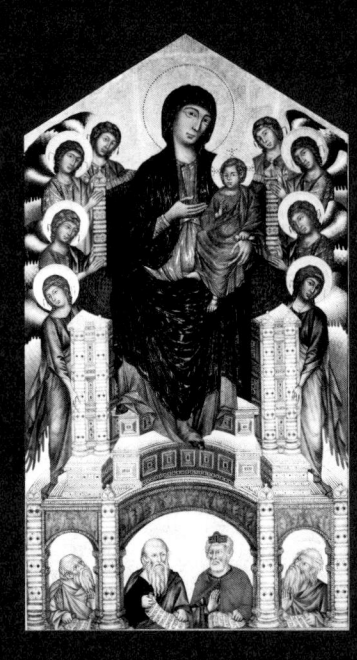

佛罗伦萨画家

（1896 年初版）

The Florentine Painters，1896

一

　　从乔托到米开朗基罗，佛罗伦萨绘画涵盖了以下艺术家的名字：奥卡尼亚、马萨乔、弗拉·菲利波、波拉约洛、韦罗基奥 [Verrocchio]、莱奥纳多与波提切利等。若将威尼斯艺术大家的名字放到他们一旁，如维瓦利尼、贝利尼、乔尔乔内、提香、丁托列托，他们的差异将引人注目。这些威尼斯人的名字的意义已被他们的画家身份耗尽，佛罗伦萨的画家们则不然。撇去画家身份，他们仍是伟大的雕塑家；撇去雕塑家的身份，他们仍是建筑家、诗人，甚至是科学家。他们不会留下任何未经检验的表现形式，也不可能对任何人说："这会完美地传达我的意思。"因此绘画表现的只是他们的部分魅力，而非总是最恰当的魅力呈现，我们感到艺术家要比他们的作品更伟大，而人格翱翔于艺术家的身份之上。

　　艺术家的巨大优越性意味着他的魅力仅被相关特定艺术限定，甚至对他取得最大成就的任一艺术形式而言同样如此，他倾向于塑造艺术而非被艺术塑造。因此，仅将佛罗伦萨画家看作必然进化过程中两点之间的连线，是荒谬的。佛罗伦萨艺术的历史永远不

佛罗伦萨圣母百花大教堂远景

会像威尼斯艺术那样是平缓发展的。每一位天才都在他的艺术上施加了高超的智慧，绝不只是为取悦他人而屈尊，而是孜孜不倦地努力将自己所理解的生命以适合传递给他人的形式表现。在这样努力的过程中，每一位天才都必然被迫创作出本质上属于他本人的艺术形式。因为佛罗伦萨绘画在很大程度上是由伟大人格塑造的艺术，它努力解决人们最关心的难题，提供永远不会失去价值的解决方案。他们的目标与成就即下文的主题。

二

佛罗伦萨绘画中首位伟大人物即乔托。尽管他毫不例外地像伟大的佛罗伦萨人一样竭力用一切艺术表达自我，但乔托还享有建筑师和雕塑家的盛誉，以其智慧与韵文而闻名，不同于大多数托斯卡纳的后继者，他拥有**作为一门艺术** [1] 的绘画必不可少的独特天赋。

但在我们能欣赏他真正的价值之前，必须就人物画艺术的本质达成共识——这门手艺有它自己完全不同的法则；我们或许可以一言以概之，人物画不仅让乔托全身心投入，而且还是整个佛罗伦萨画派的主要趣味。

心理学已经证实，单靠视觉并不能带给我们准确的三维感受。在我们的婴儿时期，早在我们意识到这个过程之前，触觉借助运动的肌肉感觉，教会我们理解物体与空间中的深度，即立体感。

在同样无意识的岁月中，我们学会了触摸，有了立体感并能检验真实。孩童仍能模糊地意识到触觉与立体感之间的密切联系。在触碰到镜子的背面之前，他无法说服自己相信镜中的世界并不真实。随后，我们完全忘记了这种联系，尽管事实是每次我们的双眼认出实体，我们都在视网膜留下了有触觉值 [tactile values] 的印象。

如今，绘画这门艺术旨在仅以二维营造出一种艺术真实的永恒印象。因此，画家必须有意识地做我们无意中所做之事——建构绘画的三维空间。他只有通过给视网膜留下有触觉值的印象使我们完成自己的任务，他才算完成自己的任务。因此在一件艺术作品让我信以为真并对我产生持久影响之前，我必须要有能够触碰到它的幻觉，掌心与指尖必须要有与这个人物凸起的各部分相对应的不同肌肉感觉，所以画家的第一要务在于唤起触觉。

---

[1] 加粗部分为依照原版保留。（编者注）

《乔托像》，1490—1550，罗浮宫藏

因此，我恳请读者注意，绘画艺术的本质是以某种方式刺激我们的触觉值意识，以便图像至少具有和被再现物一样的力量，引发我们的触觉想象；这一本质使它有别于赋色艺术。

乔托正是激发触觉意识的高手，我已经冒险将这种能力称为绘画艺术的本质。这是他对伟大的永恒要求，也正是这一点使他成为一段时期内最高审美愉悦感的源头，至少当他残留在腐烂画板与崩塌墙面上的作品仍可辨认时。尽管作为一名诗人他是伟大的，作为一名故事讲述者他是迷人的，作为一名作家他是杰出且威严的，但从古代衰落到现代绘画在他身上诞生的这千百年间，乔托的这些才能仅在程度上比欧洲不同地区的众多画师略胜一筹。但这些大师中没有人有能力激发触觉想象，他们也因此从未画出过具有艺术存在的人物。他们的作品若有价值，也仅是那些极为精致且易懂的象征符号，它们确实能够传递信息，但在传递的那一刻便失去了所有更高的价值。

相反，乔托的绘画不仅有着与他再现对象一样大的引发触觉想象力的力量——尤其是人物形象——实际上他的绘画还比再现对象更胜一筹，其必然结果是，在他的同代人看来，这些画作对象本身传递出更为强烈的真实与生动感！相较乔托的同时代人，我们现在的解剖学知识更多，期待人体拥有更多的关节且更为柔韧，简言之，我们的观看不如他们"天真" [naïvely]，也不再觉得乔托的绘画有多么逼真；但我们依然觉得它们是如此真实，因为它们仍强烈地激发我们的触觉想象，进而像那些在我们眼前刺激着我们触感的事物一样，迫使我们接受它们的存在。只有当我们认为描绘对象的存在是理所当然的，它才能给我们带来真正的艺术愉悦，而与我们对象征符号的兴趣相分离。

乔托,《圣母升天》, 约 1310 年, 柏林国立画廊藏

我们必须稍作停留，冒着看似迷失在美学无边领域的风险，确认我们对"艺术愉悦"[artistic pleasure] 一词之意达成共识，至少在与绘画相关的使用中意见一致。

从普通愉悦转为源于各艺术的特定愉悦，其关键点是什么？这一问题的答案很大程度上决定了我们如何判断任一既定艺术作品的价值。那些还未将绘画艺术的特定愉悦感与文学艺术带来的愉悦感区分开的人，很可能会错误地根据场景的戏剧化呈现，或人物塑造来评判图画，简言之，要求绘画首先应该是好的图解 [illustration]。另一些人试图在绘画中寻求通常是在音乐中探寻的东西，即情感愉悦状态下的交流，他们偏爱的图画使人想到愉悦的交际、友善的人群、优雅的消遣和宜人的风景。在许多情况下，这样缺乏清晰相对而言并无大碍，除了绘画艺术特有的品质外，所述图画也囊括了这些带来愉悦感的元素。但在佛罗伦萨画派的情况中，这种区分至关重要，因为他们是欧洲最坚决投身于人物画艺术特定问题的艺术家，比欧洲其他任何画派更不在意向相关联的次要愉悦寻求帮助。对他们而言，关键问题显而易见。如果我们想欣赏他们的长处，则被迫对悦目或宜人的样式、戏剧化演绎的场景，以及事实上任何类型的"暗示"都不为所动，更糟糕的是我们甚至必须放弃色彩中的愉悦感，这常常是真正的艺术愉悦；因为佛罗伦萨画家从未系统性地利用过色彩元素，就连他们最好的一些作品，色彩都是丑陋且令人不快的。事实上，伟大的佛罗伦萨大师们正是在形式上，也仅在形式上下了功夫，因此我们不得不相信至少在他们的绘画中，形式是我们审美享受的主要来源。

现在我们不禁要问，绘画中的形式能以何种方式带给我们不同于从形式中所获得的普通感受的愉悦感？在自然中识别一个物体或许无法带给我愉悦感，那它在图像中被认出时又是如何成为审美享受的源泉？或者说，自然中令人愉悦的认知被转移至艺术领域时，是如何被强化成愉悦感的？我相信答案基于这样一个事实：艺术激发了一种不同寻常的活动，这个心理过程本身便是我们大部分（如果不是全部）愉悦感的源泉，这里它没有令人不安的现实知觉 [physical sensations]，永远不会转化为痛苦。例如，我习惯以强度 2 认识某个特定对象，如果我突然以强度 4 认识这个熟悉的对象，即刻接收到的愉悦感还伴随倍增的心理活动。但这样的愉悦感很少止于此。那些能够从一件艺术作品中获取直接愉悦感的人，通常会被引领至自我意识更深层次的愉悦中。实际上，认知的心理过程便是以从 4 到 2 的异常强度向前推进，以他们相信自己所拥有能力两倍的感受压倒他们：他们的整个人格得到加强，并且意识到这种强化与相关对象有关，一段时间之后不仅对它愈发感兴趣，还继续以新的强度来感受它。这正是形式在绘画中发挥的作用：

它赋予再现的对象以更高的真实系数，随之而来的是加速心理过程的享受，以及观看者能力提升的振奋感（因此，顺便一提，我们从所画对象中获得的快乐要比对象本身还多）。

它便如是发生了。我们还记得为了认出形式必须让视网膜感受到触觉值。我们通常很难剔除这些触觉值，当它们被我们意识到的时候，已失去许多力量。显然，艺术家比对象本身更快地向我们传递这些触觉值，带给我们由此引发的以及更深层次的愉悦感，前者基于更生动的认识对象，后者则来于更强烈的心理感受力。

此外，刺激我们的触觉想象也让我们意识到触感在身体和心理机能中的重要性，由此通过使我们更好地感受到生命，再次提高了感受力。这让我们再一次回到这一观点：作为一名艺术家，人物画家的首要任务便是激发触觉想象。

这本小册子的章节比例使我不能更深入地探讨这个问题，我需要比整本书更大的体量才能充分地解答它。我必须满足于已经给出的粗略且不具启发性的阐述，只允许自己再多说一句，我并不想暗示除了满足触觉之外，我们无法从图画中获得任何愉悦。相反，我们从构图中获得了许多愉悦，从色彩还有运动中获得更多，更不用说每件艺术作品都有可能引发联想的乐趣。我希望说明的是，除非一幅画满足了我们的触觉想象，否则它不会施展出不断增强现实的魅力。首先我们将详尽研究它的思想，随后是它吸引我们情感的力量，它的"美"在第一千次看时不会比第一次看时更重要。

我必须要重申，我之所以深思这个问题，是因为这一原则在佛罗伦萨画派中至关重要，尽管它对其他画派而言确实也很重要。如果没有与之相应的鉴赏力，不可能公正评判佛罗伦萨画派；虽然我们会陶醉于钦佩它的"教导"或它在历史中的重要性——仿佛历史上的重要性等同于艺术中的重要性！——但我们永远不会了解萦绕在伟大的佛罗伦萨人脑海中的是怎样的艺术观念，并且永不会理解为何佛罗伦萨画派会这么早成为学院艺术。

现在让我们回到乔托，看看他是以何种方式满足绘画作为艺术的第一个条件的，正如我们之前达成的共识，这个条件以某种方式刺激我们的触觉想象。如果我们看一眼佛罗伦萨学院并列悬挂的两幅主题近乎相同的画作，就会毫不费力地理解这一点。其中一幅由奇马布埃 [Cimabue] 所画，另一幅则由乔托创作。[1] 两者差异显著，但图案和样式上的区别远没有认识上的大。在奇马布埃的绘画中，我们颇有耐心地破译了线条与色彩，

---

[1] 这两件作品现藏于乌菲齐美术馆。（编者注）

奇马布埃，《圣母子》，约 1280—1285，乌菲齐美术馆藏

乔托,《圣母像》,约 1306—1310,乌菲齐美术馆藏

乔托，《阿西西的圣弗朗西斯科生平》，1317—1321，佛罗伦萨圣十字教堂藏

并最终得出结论：它们打算再现一位坐着的女人、男人和天使或站立或跪在她的身旁。我们必须付出比辨认真实对象所需数倍的努力，才能认出这些再现，由此，我们的感受力不但没有得到确认，实际上还受到了质疑。当我们转向乔托的画作时，看到的又是何种程度的浮雕感与迅速涌现的生命力！我们的双眼几乎没有时间停留便认出了图画的全部——王座占据了一个真实空间，圣母满意地坐在上面，天使们则成行成列地围着她。我们的触觉想象即刻得到发挥。我们手掌与手指比在真实对象面前还要快速地配合着眼睛，感受随再现的脸庞、躯干、膝盖的不同凸起而不断变化；全面确认了我们处理事物——简而言之，即生命——的感受力。我不关心被赋予唤起这种感觉特质的画有什么缺点，再现的类型不符合我的理想美，人物过于庞大，几乎没有艺术性。我原谅所有这些问题，因为我还有更多事情可做，而不是纠结这些缺陷。

但是乔托如何实现这样的奇迹？他用最简单的方法，近乎原始的光影和功能线，在所有可能的轮廓线及特定人物可能具有的所有光影变化，仅设法绘制那些我们在实际感

乔托,《善变》,1306,帕多瓦阿雷纳礼拜堂藏　　乔托,《不公》,1306,帕多瓦阿雷纳礼拜堂藏

受时必须特殊区分的东西。这决定了他的类型,他的赋色方案,甚至他的构图。无论是脸还是体型,他瞄准的样式都很简单,有着大的骨骼和块面——换句话说,在现实生活中,这些类型将最有效地刺激触觉想象。他不得不最大限度地利用不够完善的光影,并制定最淡的色彩组合,使其对比最为强烈。他的构图目标在于群像的清晰,以便每个重要的人物都有预期的触觉值。请注意我们一直观看的《圣母像》,画中的阴影是如何迫使我们察觉每一个凹面,光线又是如何让我们看到每一个凸面,还有在光影的互相作用线条的指引下,我们是如何看清每个人物的重要部位的,不管它是否被遮盖。这一切都有结构方面的考量。首先,每一根线条都有用,换言之,都是有意为之。呈现触觉值的需求无疑决定了线条的存在与方向。沿着此处的任何一根线条,比如左侧跪着的天使形象,看看线条是如何勾勒和塑形的,它又如何让你能够认出头部、躯干、臀部、腿部与脚的,以及它的方向、张力又是如何由动作确定的。现存的乔托真迹中所有作品都具备这些品

乔托,《耶稣受洗》,1304—1306
帕多瓦阿雷纳礼拜堂藏

乔托,《耶稣复活》,1304—1306
帕多瓦阿雷纳礼拜堂藏

乔托,《耶稣升天》,1304—1306
帕多瓦阿雷纳礼拜堂藏

帕多瓦阿雷纳礼拜堂

质，即使最恶劣的遭遇都不能将其毁坏。让我们见证佛罗伦萨圣十字教堂起死回生的壁画吧！

一旦将触觉值的绘制视为乔托作品中最重要的艺术品质，以及他对绘画艺术所做的个人贡献，我们所有人都能更好地欣赏他不那么独特但更为明显的优点——我必须补充的是，若不是因为乔托使我们立于现实的高度，这些优点看起来就没那么特别了。那么，将我们提升至更高现实层面的力量背后，领悟并传达真实意义的天赋是什么？除了传达对象的物质意义，又是什么塑造了它的触觉值？经历了数代象征、图解与寓意画的制造者之后，一位有能力塑造所画对象物质意义的画家，作为一个人必然能深刻地感知意义。那么，无论乔托画的主题为何，他都能感受到它的真正意义，并尽其艺术与技法所能将其传达出来。当主题为神圣故事时，几乎无须指出他赋予了它多么有宗教仪式感的庄重，多么神圣的威严以及圣礼般的热忱，最伟大批评家的修辞在此处发现了迷人的主题。但让我们看一下他在帕多瓦阿雷纳礼拜堂画的某些象征形象，如"善变""不公"及"贪婪"。他似乎在扪心自问："在其中一种罪恶的完全支配下，一个人的外貌与行为会有什么样的重要特征？让我以这些特征画出这个人，我便会塑造出必然让人想起相关罪恶的人物形象。"所以他将"善变"画成一个脸色苍白的女人，她漫无目的地伸出手臂，身子向后倾倒，双脚放在独轮的一边，让人看着头晕眼花。"不公"则是一位体格强壮的男人，他正值壮年，身穿法官的服装，左手紧握剑柄，右手抓着一柄双钩长矛。他冷酷的独眼正严厉地四处张望，警觉的姿态随时准备倾尽巨力于猎物之上。他坐在岩石的王座上，俯瞰摇曳的高树，他的走卒正在他的下方脱去一位旅人的衣服并将其杀害。"贪婪"则是一个长角的女巫，耳朵像喇叭一样。一条蛇从她嘴里吐出，向后蜷曲，咬着她的前额。她的左手紧握着钱袋，随着她偷偷摸摸地向前移动，右手时刻准备着抓牢任何可以据为己有的东西。无需给它们附上标签：只要这些罪恶存在，乔托就能提炼并展示它们可见的意义。

乔托感知意义的另外一个范例则由其对动作与运动的处理提供。群像与姿态一直都能最快速地传达画面的含义。所以乔托以具有意义的线条、光影、仰头或俯视还有姿势以及最简单的技巧传递出如我们在帕多瓦壁画《耶稣复活》[*Resurrection of the Blessed*]、《耶稣升天》[*Ascension of our Lord*] 以及《耶稣受洗》[*Baptism*] 中的上帝或《撒迦利亚之梦》[*Zacharias' Dream*] 的天使身上所见到的完整运动感 [sense of motion]，而且请记住，他并没有任何解剖学知识。

这便是乔托作为一名艺术家对经久不衰赞美的所有权的声明：对可见世界中意义的全面感知使他能够如此再现事物，以至于我们比认识事物本身更快更全面地认出他所再现之物，这使我们确认了自己的感受力，即极好的愉悦感来源。

三

乔托之后的一百年，佛罗伦萨没有出现一位画家拥有支配意义的同等天赋。他的直系追随者几乎无法理解其力量的精髓，以至于一些人认为这种力量居于他的大块面类型中，其他人则认为在于线条的敏捷，还有人觉得是在他浅淡的色彩中，他们中没有一个人会想到失去了物质意义的块面形式，即它的触觉值，只是一堆不成形的麻袋，不具有功能作用的线条仅是线描，而浅色本身最多只能漂亮地点缀表面。他们中较出众的一部分人意识到了他们的劣势，但不知道任何解决方法，所有人都忙于创作，忙于复制并曲

安德烈·迪·博纳伊托，《圣托马斯的胜利》，1365，佛罗伦萨新圣母玛利亚教堂藏

安德烈·奥卡尼亚，《奥卡尼亚的祭坛画》，1354—1357，佛罗伦萨新圣母玛利亚教堂藏

解乔托，直到他们与公众都极为厌倦。不惜一切代价的变革不可避免，但当变革来临时却非常简单。"为何显而易见的事物就在眼前却要为意义四处求索？让我来画易显的事物吧，它们总是讨人喜欢的。"一些聪明的革新者如是说。于是他画下了显而易见的事物——漂亮的衣服、脸庞，琐碎的动作以及被预知的结果：他从那时起便感到愉悦。新圣母玛利亚教堂的西班牙礼拜堂中，人群依旧蜂拥而至，庆祝显而易见和无意义的胜利：漂亮的脸、漂亮的色彩、漂亮的衣服与琐碎的动作！再现"圣托马斯的胜利"的壁画中，是否有一个人物具象化了它所象征的理念且不借助标识性的仪器传达出任何含义？一位

漂亮的女士手持球体与剑，使我必然感受到帝国的权威；另一位身着华服的女士手持弓箭，这会让我萌生战争的恐怖感，第三位女士则将一架管风琴立在意图画成其膝盖的部位上，看见这个乐器便足以让我陶醉在天堂的乐声中；还有一位秀丽的女士一手叉腰，如果你想知道她能带来什么启迪，必须阅读她手中的长卷。在这些丽人的下方坐着许多男人，服饰与胡须使他们看上去是杰出人士，一位极为庄严的老绅士全身心盯着手中羽毛笔的顶端。这幅壁画同样缺少意义、同样都是显而易见的人物特征，它再现了"教会的征战与凯旋"。对于**教会**来说，还有比**教堂**更明显的象征吗？除了是一位因为被驳倒而从自己书中扯下一页的异教哲学家（顺便提一下，他的动作既明显又聪明），圣多米尼克更多的意义是什么？我只提到了这些壁画作为寓言的价值。更不用说其中一个的构图空虚，另一个的构图混乱了，两者中没有一个人物具有触觉值——即艺术的存在。

然而我并不想暗示从乔托到马萨乔之间的绘画都是徒劳无功的——相反，它们在风景、透视与面部表情方面进步显著——诚然，除了两个人的作品外，没有任何艺术杰作问世。这两人一位出现在我们所关注时段的中叶，另一位则出现在它的尾声，他们便是安德烈·奥卡尼亚与弗拉·安杰利科。

关于奥卡尼亚有些一言难尽，因为他只有一幅颇为完整的绘画留存于世，即新圣母玛利亚教堂的祭坛画。他在这件作品中彰显出自己是一位极具天资的人：我们可以感受到如乔托作品中的触觉值、物质意义、充满艺术性的人物。但这件作品没有违背对面孔美与表情美的特殊感受，相同礼拜堂中的壁画，尤其是那幅再现了天堂之景的，就有着充满魅力且极为优雅的面庞。我被诱导相信壁画中令人高兴的进步是由近代的修复者完成的。但这些壁画常常必然拥有的正是真正的艺术之实体、缓慢但有韵律运动中的庄严，以及辉煌灿烂的群像。它们仍使我们相信它们的崇高目标。另一方面，我们会对奥卡尼亚在萨米凯莱雕刻的神龛感到失望，其中物质与精神意义的感受都要低得多。

令人感到高兴的是，当我们面对弗拉·安杰利科时，处境要好上很多，他传世的作品足够多，不仅揭示了其作为艺术家的品质，还有他作为人的特征。他所有作品的质与量一道彰显了目标完美的确定性、对任务的全身心投入，以及表现中圣礼式的热忱。诚然，乔托对物质或精神意义的深切感受被安杰利科拒绝——这样的差异也不可能得到弥补。尽管安杰利科对现实的感受较弱，但它仍然延伸到了乔托未曾触及的领域。就像所有杰出艺术家一样，乔托并不倾向于关注自己对意义的态度，也不关心他对意义的感受，

弗拉·安杰利科，《圣母加冕》，1434—1435，乌菲齐美术馆藏

弗拉·安杰利科，《圣母领报》，1442—1443，佛罗伦萨圣马可教堂藏

对意义的领会与呈现已使他感到满足。在较弱的人格方面，被模糊感知到的意义转换成了情感，仅被感受而不是实现。在这片感觉的领土上，弗拉·安杰利科是首位大师。"属于上帝的在他的天国——世界上一切都好。"他的感觉强度，使他无法察觉任何地方的邪恶。当他被迫描绘邪恶的时候，他丧失了想象力，变成了一个小孩。他画的地狱是怪物的大陆，殉难画则是由孩子们郑重其事地扮演殉难者与刽子手。他几乎毁掉了一幕曾经画过的最令人印象深刻的场景——圣马可教堂的《耶稣受难》[*Crucifixion*]——以圣哲罗姆幼稚的眼泪。但他将其艺术的所有才智慷慨地付之于绘制上帝关爱的幸福愉悦与迷狂信仰之上。它们也不是微小的，诚然，安杰利科对触觉值的表现力和对构图中意义的感受力要略逊于乔托，但要比这段时期任何画家的资质都更好，他加入了美丽脸庞的魅力、生动表情的趣味，以及精致色彩的吸引力。整个世界艺术中有什么要比安杰利科的《圣母加冕》[*Coronation*]（乌菲齐美术馆藏）更具青春活力？画中所有人脸上洋溢着欢愉，线条与色彩如花朵般优雅，构图童稚般纯朴却又无比美丽。触觉值中的所有这些都迫使我们承认场景的真实性，尽管这个世界中真实的人正站着、坐着、跪着，但我们并不知

晓也不关心他们是在什么地方。诚然，所再现事件的意义很少被提及，但安杰利科是多么善于传递带给他灵感的感受！尽管他作为一个人很简单，传达的信息也很片面，但作为一件作品，他又是异常复杂的。他是从中世纪向文艺复兴过渡的典型画家。他的感受源头在中世纪，但他**享受**感受的方式则几乎是现代的，同样现代的还有他的表达方式。我们很容易忘记他这种过渡特征，并把他与现代人并列，来数落他人物每个动作的笨拙，表现力的缺乏。然而，无论是动作还是表达，他都在前人的基础上取得了巨大的进步，若非马萨乔完全超越了他，其进步大到我们应将他看作是一位革新者。而且安杰利科不仅是第一位画可辨认风景的意大利人（从科尔托纳中所见特拉西美诺湖之景），他还是第一位传达出自然中愉悦感受的画家。在圣马可教堂的壁画《圣母领报》[*Annunciation*]与《复活后的耶稣遇到抹大拉玛利亚》[*Noli me tangere*] 中，我们是多么容易地感受到花园中的生机与春日的快乐！

四

乔托再次诞生，他从死亡阻挠他前进的地方起步，旋即将他缺席时的所有成就据为己有，并从新条件与新需求中获利——想象一个这样的化身，你将会理解马萨乔。

我们已经知道乔托，但新条件与新需求是什么呢？中世纪的天空已被撕扯成碎片，新天地已经出现，更有才能的灵魂已经栖居其上，享受这片天地。新趣味与新价值在此盛行。至高价值是征服与创造的力量，至高趣味则是所有帮助人类了解他所处世界及在其之上的力量的事物。这样的改变为艺术家提供了一个最自由的活动领域。艺术家的任务一直都是向时代揭示它的理念。雕塑与绘画的首要目的是让我们了解事物的物质意义，但像中世纪这样的时期，当人体的所有固有意义被否认之时，这两门艺术还有何容身之地？在这样的时代，人物艺术家只有如乔托一样不顾时代，才能作为一种孤立的现象茁壮成长。相反，文艺复兴时期的人物画家遇到了自伟大希腊时代以来从未出现过的需求，他要向相信人的力量可以征服世界并拥有它的一代人展示最适合这一任务的身型。因为这样的需求亟待解决且纷至沓来，不止一个人而是一百位意大利艺术家出现了，每个人都以自己的方式来满足它——他们共同获得的成就可与希腊人的艺术匹敌。

在雕塑领域，多纳泰罗已赋予新理念躯体，此时马萨乔短暂的职业生涯才刚刚开始。在教育方面，年长艺术家的榜样作用必然对年轻艺术家的觉醒起到了不可估量的影响。

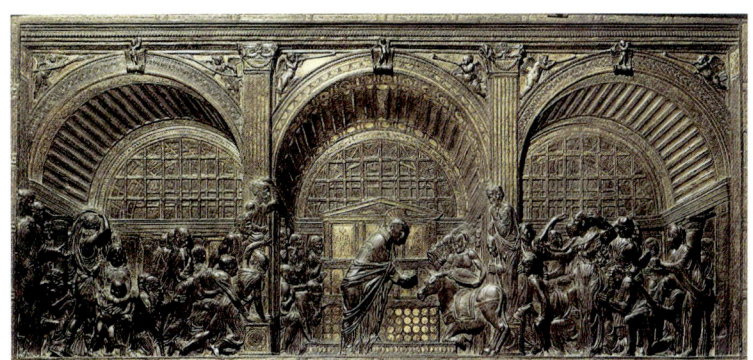

多纳泰罗,《驴的奇迹》,
1447—1450,帕多瓦圣
安多尼圣殿藏

多纳泰罗,《新生儿的
奇迹》,1447—1450,
帕多瓦圣安多尼圣殿藏

多纳泰罗,《浪子回头的
奇迹》,1447—1450,
帕多瓦圣安多尼圣殿藏

多纳泰罗,《贪婪者心
脏的奇迹》,1447—
1450,帕多瓦圣安多尼
圣殿藏

但是，一种类型只有通过与其他同类型一起出现在某种行为之中，它才能获得深远的意义，此处，多纳泰罗易堕入显而易见的失败，而不是从中获利——锡耶纳、佛罗伦萨与帕多瓦的浅浮雕就可以说明这一点。马萨乔没有沾染这一污点。在最有男子气概的样式中，他表现出对物质意义的感受，这使我们深刻地认识到他们的力量和高贵；他用由此获得的精神意义赋予所描绘事件以最大意义。这样的重要性转而给予样式更高的价值，因此，无论我们关注的是他的样式还是他的动作，马萨乔都使我们立于现实与意义的高度。在之后的绘画中，我们会很容易发现更卓越的科学、更杰出的工艺、更完美的细节，但我敢说不会再有更逼真的现实，与更重要的意义。尽管他的布兰卡契礼拜堂壁画现在已被尘土侵蚀和毁坏，但如果没有对我的触觉意识产生最强烈的刺激，我将永远看不到它们。我感觉自己可以触碰到每一个人物，他们也会对我的触碰产生一定的反抗，我不得不花费许多力气来移动他们，使我能够在他们周围走动。简而言之，我几乎无法更多地认识它，在现实生活中我也几乎不会如此好地认识它，在认出眼前人物完整的物质意义之前，我们每个人的注意力都太容易集中于一些动态特质之上。他画的年轻人是多么强壮，而老年人又多么庄严与有力啊！这类人将会多么迅速地占据土地，除自然力外不容任何挑战！只因为是他们，无论做了什么都令人赞

马萨乔，《逐出伊甸园》，1427，佛罗伦萨卡尔米内圣母大殿藏

米开朗基罗，《逐出伊甸园》（细节），1508—1512，梵蒂冈博物馆西斯廷礼拜堂藏

叹且意义重大，他们的每个动作，每个姿态都在改变世界。和马萨乔画的人物相比，他的前辈马索利诺 [Masolino] 在同一个礼拜堂中的那些人物就显得很幼稚，他的追随者菲利皮诺 [Filippino] 画的那些人物则因为没有触觉值而缺乏说服力和意义。甚至是米开朗基罗在与之匹敌之处，因现实与意义而位居第二。将米开朗基罗的《逐出伊甸园》[Expulsion from Paradise]（西斯廷天顶画）与马萨乔此处的一幅壁画比较，米开朗基罗的人物更为精准，但远不如马萨乔的人物有触感和力量感，前者再现的只是一个躲避剑击的男人，和一个因为不光彩的恐惧而畏畏缩缩的女人；马萨乔笔下的亚当与夏娃则大步走出伊甸

园，羞耻与悲伤让两人心碎，他们也许只能听见却看不到盘旋在头顶的天使指引着他们被驱逐的脚步。

那时的马萨乔如一个世纪前的乔托——他本人便是另一个世界的乔托，在那儿艺术更有前途——作为一名艺术家，他是一位意义的大师，而作为一名画家他被赋予最高程度的触觉值，并身怀塑造它们的技艺。在其短暂的职业生涯中，他为佛罗伦萨画派指明了它一直追求的方向。他在许多方面让我们想起年轻的贝利尼。谁知道呢？他只要活得与贝利尼一样久，为绘画奠定的基础或许不输于威尼斯画派给人带来的快乐，且更为坚实。事实上，他的壁画立刻成为佛罗伦萨画家们的训练学园，只要他们当中还有真正的艺术家。

五

马萨乔死后，三位比他年长、两位比他年轻的男人接手了佛罗伦萨绘画，他们都极赋天资，每个人即便不是天才也都受到了他的影响。如果没有马萨乔，年长者们便是自己艺术的唯一主导者，他们是弗拉·安杰利科、保罗·乌切洛 [Paolo Uccello] 与安德烈·德尔·卡斯塔尼奥 [Andrea del Castagno]，他们早已定型的作画习惯接受了这种影响；较为年轻的则是多梅尼克·韦内齐亚诺 [Domenico Veneziano] 与弗拉·菲利波，他们感受到了马萨乔势不可当的影响。这些人在马萨乔死后的一代人中技艺仍处于领先位置，他们塑造了公众的趣味，并将自己的创作习惯与抱负传达给学生，因此，在这一点上，我们也只能尝试了解他们每一个人以及他们代表的普通艺术趋势。

我们业已知晓，作为画家的弗拉·安杰利科毕生致力于描绘即将消失的中世纪尘世之上的天堂美景。没有事物能离乌切洛和卡斯塔尼奥的目的更远。尽管两人有所不同，但也有许多共同之处，在他们留下的可追溯至成熟期的作品中，确实没有中世纪情怀的修饰，也没有过渡的迹象。作为艺术家，他们完全属于新的时代，他们作为两种倾向的样式出现在文艺复兴时期初期，一定程度上对马萨乔的教导进行了补充，同时又瓦解了他的教义，而这两种样式将会在整个 15 世纪盛行于佛罗伦萨。

乌切洛拥有对触觉值的感受力和色彩感，但只需他完全使用这些天赋，便是为了阐明科学问题。他真正热衷的是透视法，绘画对他来说只是解决这门科学中某些问题的契机，并展示他对困难的驾驭。于是他在构图时设法用尽可能多的线条引导眼睛看向画面的内部。为了让线条遵循数学原理相互交汇，他几乎不加掩饰地运用俯卧的马匹、死去或濒死的骑士、断裂的长矛、开垦的土地、诺亚方舟。他对科学满怀热忱，却忽略了画面的局部色彩——他喜爱将马画成绿色或粉红色——忽略了动作、构图以及几乎无须补充说明的意义。因此，在他的战斗画面中，我们没有感受到任何恰当的动作，反而感受到在观看一场塞满人偶的表演，这些人偶的牵线突然终止了它们的机械动作。壁画《大洪水》[Deluge] 中的空间充分证明了乌切洛对透视和短缩法的聪慧领悟，但这样的处理并没有让我们认识到大洪水的恐怖，最多只暗示了水闸的决堤。而在这幅壁画下方的《诺亚的献祭》[Sacrifice of Noah] 中，一些主要人物使我们能够认出整个场景，但当我们看到空中的一个物体，且艰难地辨认出这是从云层中跌落的人以后，所有可能的艺术愉悦都被毁掉了。顺便一提，乌切洛没有让这个被再现为上帝的人物向我们扑来，而是特意偏向于使他冲向画面内部，离我们远去，以此展示他高超的透视技法与短缩法；与此同时，

保罗·乌切洛，《大洪水》（上）与《诺亚的献祭》（下），1447—1448，佛罗伦萨新圣母玛利亚教堂藏

保罗·乌切洛，《诺亚的献祭》（细节）

他将自己书写成自那时起便繁荣发展的两大画家阵营的奠基人：为了灵敏的艺术家——心灵或是手艺，这几乎无关紧要——与自然主义者。这两个阵营在佛罗伦萨迅速壮大，祸福相依的是它们极大地影响了整个佛罗伦萨绘画的后续发展，因此在深入论述之前，我们必须简要地定义一下灵敏与自然主义，以及它们与艺术的关系。

我们一致认为绘画的本质，特别是在人物画当中，是塑造再现形式的触觉值，因为通过这种方式，也只有借此，艺术才能使我们比在现实生活中更好地认识形式。伟大的画家首先是一位对触觉值有着极好感受力的艺术家，并且拥有塑造它的杰出技艺。这种感受力虽然可以随人的自我揭示而提升，但它仍是伟大的画家与生俱来的东西，所以就算他完全拥有这种感受力也几乎不会察觉到这一点。他有意识的是精进塑造手法。因此，他与别人谈论的都是塑造手法；且因为他在这方面的胜利来之不易且有意为之，所以他引以为傲的也是他的塑造技艺。一位画家越是伟大，他就越不可能意识到除塑造难题以外的任何事，并且每时每刻都在传递他天赋之力使其感受到的形式的物质意义与精神意义，毫不费力且没有察觉。然而——他的至交只听到他谈论技艺，似乎他只关心技艺，自然的，他的朋友以及公众都断定他的技艺便是他的天赋，而那技艺**即**艺术。唉，这一直是"艺术是什么"的流行概念，观点的分歧并非在原则问题，而在某种被赞赏的娴熟度，每一代人、每一位评论家都有自己的标准，且常常基于一些让他们感兴趣的特定问题和困难。在佛罗伦萨，这些关于艺术的颠倒概念尤其盛行，因为这个艺术流派有二十位天才和上千位平庸之才，他们互相煽动，展示各自的灵巧技艺，在他们热火朝天的竞争中，只有伟大的天才能够忠于他们对意义的感受。甚至连马萨乔也被迫只展示他的技艺，在一个洗礼的再现场景中，有一个瑟瑟发抖的裸体男人，这个人物形象广受赞誉且令人惊叹，但他不仅没有实际意义，还令人分心。像保罗·乌切洛这样较弱的人，在急于展现他的技艺与知识时，才会几乎完全牺牲他以之起步的艺术意义。至于底层画家，虽然现在他们的作品受到地方艺术画派优秀展览的关注，但他们的数量仅有助于为佛罗伦萨艺术走向终结的势头提速。但仅仅是娴熟度，也给艺术带来了切实好处。没有意义感受力的人仍能完成一千件作品，这使有画可作之人更快也更容易地塑造某些事物，当波提切利、莱昂纳多与米开朗基罗出现时，他们发现留给自己的艺术遗产增长了，尽管自马萨乔之后，没有人能完全拥有这三位的天资。然而，与其将这样的增长归功于灵敏的后裔，不如归因于智性上更高贵但艺术上较差的人，而乌切洛同样也是其先驱。

什么是自然主义者？我冒险将他定义为天生具备科学天赋却喜欢艺术的人。他的目标不在提炼对象的物质与精神意义，从而比我们自己观察实物时更快更强烈地把这些意义传达给我们，让我们感受到被提升的活力；他的目的是研究，表达的只是事实。这段陈述可能太过抽象，让我们求助于已经提过的例子——乌切洛《诺亚的献祭》中全能者的形象。乌切洛不像乔托，后者的主要兴趣是艺术地处理人物形象，如在《耶稣受洗》中让全能者呈现为冲向我们的姿态，并让我们感到仪式的庄严感，乌切洛似乎只有科学的意图，他想弄清楚一个将头向前俯冲的人如果在坠落的某一瞬间突然不动，悬浮在空中会是什么样子。这样的形象或许有数学意义，但一定没有心理学意义。诚然，乌切洛已经研究了这种现象的每一个细节，记下他的观察结果，只是他的笔记碰巧由形式与色彩构成，因此无法构成一件艺术作品。他的成就在品质上与一幅彩色国家地图有何不同？我们容易构想出一幅卡多雷或吉维尼的地形图，大型且赋色精致，因此能精确地复制那些地区的地理面貌，但我们永远不会将其置于提香或莫奈 [Monet] 的风景画旁边，并认为这是一件艺术作品。地形图与提香或莫奈作品的关系正是乌切洛的成就之于乔托的关

保罗·乌切洛，《圣罗曼诺之战》，约 1438 年，英国国家美术馆藏

安德烈·德尔·卡斯塔尼奥，《库姆利安女先知》，约1450年，乌菲齐美术馆藏

安德烈·德尔·卡斯塔尼奥，《最后的晚餐》，1445—1450，佛罗伦萨圣阿波罗尼亚修道院藏

系。作画的科学家，即自然主义者，他们试图作的并不是带给我们只有艺术才能给予的对象生命力之提升，而是如其所为将其复制。如果他成功了，会带给我们对象自身精确的视觉印象，但正如我们已达成的共识，艺术带给我们的不仅是事物的复制，还有快速认识对象的感受能力。那么就艺术而言，乌切洛与众多后继者代表的自然主义者们并没有做到这一点。然而，他们如实复制对象的努力，以及对解剖学与透视法的研究不可避免地促成了一件事：当另一位伟大天才出现时，他必然会是莱昂纳多或米开朗基罗，而不是乔托。

正如我在前文所说，乌切洛是佛罗伦萨绘画两股强劲势头的代表，这两股势头一方是为灵敏而艺术，一方是为科学而艺术。与此同时，安德烈·德尔·卡斯塔尼奥虽无法抗拒纯科学与纯灵敏的魅力，但他拥有太多的艺术天赋，以至于无法屈服于任何一方。他天生具有对意义的杰出感受，尽管还不足以使他完全摆脱所有困扰佛罗伦萨人的诱惑，更不用说对他而言更为独特的诱惑——不惜任何代价传递力量感的势头。让我们像马萨乔与米开朗基罗那样尽其所能地感受到作品的力量确实是一项成就，但它需要最高的天赋与最坚实的意义感。一旦完全失去这样的感受，艺术家将无法成功传递力量，而只能传递仅将其当作表现"力"的明显形式，或更糟糕的是，传达常伴有高涨情绪出现的傲慢。如卡斯塔尼奥的《库姆利安女先知》[*Cumaean Sibyl*] 与《乌尔贝蒂的法利纳塔》[*Farinata degli Uberti*] 已足够成功，这些人物有着强大的力量、尊严，还有美，即便没到最杰出的程度；在他的其他作品中，如《皮波·斯潘诺》[*Pipo Spano*] 与《尼克洛·迪·托伦蒂诺》[*Niccolo di Tolentino*]，他又降格成虚张声势——或是像《最后的晚餐》[*Last Supper*] 中，只有力；或者更糟糕的，像新圣母玛利亚教堂中的《耶稣受难》[*Crucifixion*]，实际上已沦为野蛮。虽然如此，他仅存的几件作品让我们怀疑他是否称得上最伟大的艺术家，且是马萨乔身后一代画家中最具影响力的人。

六

将近五个世纪之后，要想清楚地区分乌切洛与卡斯塔尼奥各自为佛罗伦萨画派的形成所做的切实贡献，已是一项困难的任务。多梅尼克·韦内齐亚诺是他们较年轻的同代人，存世作品寥寥无几，这使我们很难并几乎不可能确切地总结出他的特征及所受他们的影响。我们从瓦萨里那里得知，韦内齐亚诺是手段与媒介的技术革新者，尽管这些革新可

多梅尼克·韦内齐亚
诺,《圣约翰与圣弗
朗西斯》,1454,
佛罗伦萨圣十字教
堂藏

多梅尼克·韦内齐亚诺，《圣约翰与圣弗朗西斯》（细节）

多梅尼克·韦内齐亚诺,《圣约翰与圣弗朗西斯》(细节)

能会成为绘画手艺必不可少的一部分，但它们本身属于理论与应用化学的问题，而非我们在本书要考虑的艺术问题。他的艺术成就似乎在于赋予人物的运动与表情，以及赋予面部的个性。在他现存的作品中，我们没有发现任何牺牲灵巧与自然主义的痕迹，尽管他显然一定是当时盛行的科学与手艺的大师。否则他将无法在乌菲齐美术馆藏的祭坛画中塑造出圣弗朗西斯那样的人物，这件作品或许首次将人物的触觉值与动态特点——我们常常称之为个人步态——结合了起来；同样的，他也不会取得圣十字教堂《圣约翰与圣弗朗西斯》这样巨大的成功，他们的身形表现出如其雄辩面孔一样的激情。至于他对个体意义的感知，换句话说，他作为肖像画家的能力，皮蒂宫的一两件头像作品或许便见证了文艺复兴此类绘画的首例伟大成就。

当我们转向弗拉·菲利波时，就没有研究乌切洛、卡斯塔尼奥与韦内齐亚诺时遇到的困难了。他的作品数量庞大，其中许多作品受到极好的保存。因此我们完全可以把他当作一名艺术家进行评判，但是没有比给出他应有的评价更难的事了。如果吸引力，且是最好的吸引力，足够成就一位伟大的艺术家，那么菲利波将会是最伟大的艺术家之一，或许比莱昂纳多之前的任何一位佛罗伦萨画家都伟大。我们还能在哪儿找到比他的圣母像——乌菲齐美术馆的那幅——更迷人、更有魅力的脸庞？还能在哪找到比罗浮宫藏的祭坛画更快地唤起高贵的情感？在佛罗伦萨绘画中，哪里还有比他笔下嬉闹的孩童更迷人，比他的一两幅风景画更具诗意，比他时而使用的色彩更有魅力的事物？伴随这些元素一起的还有健康，甚至是健壮，以及经久不衰的愉快心情！然而所有这些品质本身仅能够成就一位高级的图解画家，我相信弗拉·菲利波凭借其天资已经做到了。他变得越来越强大，与其说是因为他自身的天赋，不如说得益于马萨乔的强大影响；因为他对物质或精神上的意义都没有坚实的感受，而这是真正艺术家的基本条件。在马萨乔的启发下创作，他偶尔塑造出令人钦佩的触觉值，如乌菲齐的圣母像；但绝大多数情况下，他并没有违背自己对这种触觉值的真切感受，无法通过引入成束的、像波浪起伏般的线描帷幔将它塑造出来。这些是从一位晚期乔托式画家（或许是洛伦佐·莫纳科 [Lorenzo Monaco]）那里学到的，他或许是菲利波的第一位老师，而菲利波对这些艺术元素的珍视似乎不弱于他之后尝试接纳的触觉值，但显然他没有意识到两者并不相容。菲利波最强烈的冲动不在卓越艺术作品的再创造，而是在于表现，且是在那个领域中表现日常生活愉快、亲切、精神舒适的感受。他的真正归属是风俗画画家，但只有他的风俗画是灵魂的，而如贝诺佐·戈佐利 [Benozzo Gozzoli] 等其他人的画作则是身体的。因此，这是他自己的罪过，其危害性几乎不亚于自然主义者，也是令人腻烦的引导——不惜一切代价的表达。

七

前文简要叙述了 1430 年至 1460 年间佛罗伦萨绘画的四位领军人物，从中可以看出，这段时期佛罗伦萨画派的偏好不仅是艺术，还有其他趋势，一方是情感表现（因为形式与色彩几乎不比文字更少具有文学性），另外一方是自然主义的复制对象。我们还注意到前者只以菲利波为代表，后者的代表则有保罗·乌切洛，以及凭借天赋，为自然主义和科学做出牺牲的卡斯塔尼奥与韦内齐亚诺。然而，就其站的队伍及意识到的独特目标来看，这两人同样靠近乌切洛这边，而不是菲利波那边。因此可以说，马萨乔后那一代人的佛罗伦萨绘画主流是自然主义，并因此给这段时期内开始作画的年轻画家带来了主要倾向自然主义的巨大影响。在之后研究波提切利的过程中，我们会看到当时对于任何一位年轻人而言，要摆脱这股潮流是多么困难，即便他们的气质与科学兴趣相去甚远。

与此同时，我们必须继续对自然主义者的研究，但现在到了第二代画家。从 1460 年到 1490 年，他们的人数与重要性上升，不仅因为这段时期开始时艺术教育主要是自然主义式的，还因为对这门快速发展的技艺有实际的需求，甚至更多的是因为佛罗伦萨人的精神特质已转向科学，而非艺术。但由于当时没有更严格意义上的科学职业，佛罗伦萨相当一部分的男性居民都在追求某种形式的艺术，因此，许多天生具有伽利略般能力的年轻人不可避免地在孩提时期就当上了艺术家的学徒。由于他从未习得科学表现的一般方式，且有时间从事不赚钱的职业，他不得不以毕生的时间将其艺术打造成他对科学强烈本能兴趣的实验对象，以及向他人传递知识的媒介。

新一代领军者中年龄最大的阿莱西奥·巴多维内蒂 [Alessio Baldovinetti] 就是这样，在他仅存的少量作品中，没有任何纯粹艺术感受或趣味的迹象可被人察觉。阿莱西奥的同代人安东尼奥·波拉约洛与安德烈·韦罗基奥比他更年轻，且更具天赋，他们的情况略有不同。如果不是波拉约洛一两次以近乎杰出的艺术作品使我们目眩神迷（韦罗基奥则更为频繁），我们几乎不会怀疑他们属于科学阵营，如果不是我们愿意相信佛罗伦萨天才的多样可能性，我们会难以接受这些作品出自他们手中——它们看上去几乎不是有意努力为之。阿莱西奥的注意力主要奉献给了媒介工具——对于绘画而言这几乎不比烹

弗拉·菲利波,《圣母、圣婴与两位天使》,
1460 或 1465,乌菲齐美术馆藏

阿莱西奥·巴多维内蒂，《圣母子》，1460—1465，罗浮宫藏

马萨乔，《新信徒的洗礼》（细节），1424—1425，佛罗伦萨卡尔米内圣母大殿布兰卡契礼拜堂藏

饪好上多少——他没有时间做其他事情，尽管他将空闲时间用来研究风景画，在塑造方面算得上革新者。安德烈与安东尼奥为自己设定了更有价值的任务，即从各方面提升人物艺术的效果——他们的目标是成为如雕塑大师一般的绘画大师。

然而，为了让我们紧贴绘画范畴，我们暂时将色彩问题放一边，正如我已经说过的，在佛罗伦萨艺术中，色彩的重要性完全处于次要地位，波拉约洛与韦罗基奥发现，绘画只有在风景、运动与裸体三个方面取得大的进步，才能获得最大化的效果。乔托没有对其中的任何一项做过尝试。诚然，他几乎没有接触过裸体；虽然他对运动的暗示令人叹服，但从未塑造过；风景方面，他只满足于象征性的示意，尽管合乎其目的将他限制在人的形象的需求中。马萨乔对物质意义的感知从未衰减，这引领他在所有方向上取得了巨大进步，也使他能分别塑造每个人物的触觉值，同时不得不将群像作为整体以及周围风景的触觉值进行塑造，优先于形状容易刺激触觉想象的山丘。《逐出伊甸园》与"寒冷战栗的人"[1]足以证明在他裸体与运动方面的成就。但在他的作品中，无论是风景、运动，还是裸体，都不是艺术愉悦感——即本身的生命提升——的确切源头。尽管我们可以谈到米开朗基罗时再讨论裸体，他是完全理解裸体独特艺术可能性的第一人，但我们无法像这般免去探究运动与风景再现中审美愉悦感的源头，正是在这两个方面，尤其是波拉约洛笔下的动感和巴多维内蒂、波拉约洛与韦罗基奥的风景——这代佛罗伦萨画家取得了巨大进步。

八

让我们首先将注意力转向运动——顺便一提，这与仅改变位置的移动不一样——我们发现自己在触觉想象的刺激下，像认识实物一般地意识到运动，只有在此情况下，触觉才会先于不同压力与张力的肌肉感觉，退居次位。举例来说，我看见两个正在摔跤的人，除非我的视网膜印象被立刻转化成功：肌肉中张力与压力、抵抗我重量和触摸我全身这样的意象，否则它不会带给我栩栩如生的体验——或许还不如听别人说"两个人正在摔跤"。尽管一场摔跤比赛实际上可能包含许多真正的艺术元素，但我们对它的享受绝不可能完全是艺术性的。我们受阻而无法完全意识到这点，不仅因为我们对比赛有极

---

[1] 这个形象来自布兰卡契礼拜堂的壁画《新信徒的洗礼》。（编者注）

大的兴趣，即使有可能没有特别大的兴趣，也会因为一连串的动作太过快速，以至于我们无法完全认清其中的每一个，即便是可感觉的，也令人疲惫。现在，如果可以找到一种方式向我们传递对运动的认识，且没有现实中的混乱和疲惫，我们从摔跤者那儿获得的生命力提升会比他们自身带来的更多，无论何时我们敏锐地意识到生命，这种提升就会出现，仿佛现实本身会带给我们的那样，**还外加由**更清晰、更强烈、更不费力的认识所引起的更大的提升效果。这便是成功再现运动的艺术家实现的：让我们意识到运动，而实际上我们永远无法实现这一点，他给予我们一种强化了的感受能力，凡是现实中令人愉快的一切事物，他都使我们能够在闲暇时享用。用我们已经熟悉的话来说，他**提炼了运动的意义**，如同艺术家在塑造触觉值的过程中提炼对象的物质意义。然而，他的任务更为艰巨且不可或缺：仅提炼任一特定时刻的真实之物的价值，远远不够，他还要提炼无时无刻不在发生事物的价值，也就是运动。他只能够以一种方式完成任务，即通过塑造一个特定的运动，使我们能够意识到同一个人物可能会做的所有其他动作。"他现在正抓着他的对手"，我说到我的摔跤手，"能够以我本人的肌肉、胸膛、双臂与双腿，感受他在尽最大努力时体内的生命，这是一件多么愉悦的事！当我的视线从这样的再现中移开，以相同的方式感受他的肌肉在比赛后会如何放松，闲适又是如何像清爽的溪流流过他的血管，又是一件多么愉悦的事！"艺术家会使我享受所有这些感受，他们再现任何运动时，都能够带给我符合逻辑顺序的四肢与肌肉的张力与压力变化。

佛罗伦萨自然主义者的科学精神仅在此处为艺术做出巨大贡献。这种逻辑顺序只有通过大量的解剖学知识才能获得，尽管这些知识并不必然多于经验主义知识，或许纯粹的艺术家永远不会倾向于独自弄懂，但对于那些气质是科学家，职业则是艺术家的人来说，这种兴趣有很强的吸引力，我们在波拉约洛与程度稍轻的韦罗基奥身上发现了这种情况。我们记得乔托是如何设法塑造触觉值的。在所有可能的轮廓线以及人物所有可能的光影变化中，他选择了那些我们实际认知时必须特别注意区别对待的事物。如果我们说的不是人物，而是运动的人物，同样的说法也适用于波拉约洛塑造运动的方式——然而，不同之处在于他必须塑造出我们在实际情况中永远无法完全单独考虑的东西，即任何特定动作中最重要的线条和明暗。艺术家的构想必须跳出他对张力和压力戏剧化的感受，及其在人物所有逻辑顺序中清晰表现的能力；因为，如果他想要传递一种运动感，他画的线条及光影除了必须能极佳地塑造触觉值，还得塑造关节的顺序。

没有比波拉约洛自己的一两件作品能更有效地说明前文关于"运动"的论述。相比他的大多数成就，在这些作品中只能看到他的努力与研究，但的确是传递生命的艺术杰作。让我们首先来看看他为人所知的版画作品《裸体群像之战》[Battle of the Nudes]。是什么使我们带着不断更新、不断增长的愉悦感回到这幅画的？一定不是大部分人物可怖的面容，及他们几乎不怎么恐怖的身躯。也不是作为装饰设计的图案，那确实很美丽，但与施加在我们身上的魔力完全不相称。所有因素最不可能是——对于我们中的大多数人而言——对版画技术或历史的兴趣。不，我们在这些野蛮战斗的形式中感受到的愉悦感来自它直接传达出的生命的力量，极大程度上提升了我们的生命力感受。看那躺在地上的战士，还有那俯身的攻击者，每个人都意图刺伤对方。看那仰卧的人是如何脚踩在敌人的大腿上，注意他推开敌人时施加的巨大能量，而他的敌人好像是在一个转轴上，紧抓他的头颅，想要制胜的力量也不亚于他。像这样塑造所有肌肉张力与压力的意义，让我们情不自禁地去了解他们。我们想象自己模仿着所有的动作，并使出他们所需相同的力气——且我们不费吹灰之力。如果所有这些都不用动一块肌肉，那么我们竭力感受

安东尼奥·波拉约洛，《裸体群像之战》，1470—1490，大都会艺术博物馆藏

安东尼奥·波拉约洛,《勒死
安泰俄斯的赫拉克勒斯》,
1478,乌菲齐美术馆藏

波拉约洛,《大卫》,约 1472 年,柏林国立画廊藏

到的是什么？因此，当我们受控于这种幻觉的魔力，我们仿佛感受到血管中流淌着生命的不死药，而非我们迟钝的血液，这种感觉上的麻醉不是通过药物获得，也不用透支我们的活力。

现在，让我们来看看比《裸体群像之战》更成功的运动，波拉约洛的《勒死安泰俄斯的赫拉克勒斯》[Hercules Strangling Antaeus]。你会感受到赫拉克勒斯紧紧地吸附着大地，他的小腿因施加在身上的压力而膨胀，他的胸膛猛烈地向后仰，而他的怀抱有着令人窒息的力量。你还会感受到安泰俄斯极大的力量，他一手压住赫拉克勒斯的头，另一只手撕扯着他的胳膊，你感觉好像有一股能量在你的脚下涌现，径自流进你的血管之中。我无法克制自己再提及另一件杰作，这一次不止是运动，还有触觉值与个体之美——现藏于柏林的《大卫》[David]。这位年轻的战士砍下了巨人的头颅，现在他跨在头颅之上，优雅苗条的身躯因取胜之快而颤动着，带着警觉，仿佛害怕掉以轻心。当我们意识到这位令人惊叹的少年的运动时，感受是何等放松与轻快！

九

在所有对运动感兴趣的艺术家中，韦罗基奥是波拉约洛的学生，而非首创者，他很可能从未达到他老师的熟练程度。遗憾的是，我们几乎没有任何可供比较的角度，因为唯一可以确定归于韦罗基奥名下的绘画作品并非是动作场景。在大英博物馆的相同收藏中，有一幅天使的素描尝试了与波拉约洛的赫拉克勒斯同等程度的运动，然而明显品质较差。雕塑方面，除了作为莱昂纳多之先驱而非因为任何本质上的完美而珍贵的作品外，他还创造了两件极富运动感的杰作——韦奇奥宫庭院的《海豚相伴的孩子》[Child with the Dolphin] 与威尼斯的科莱奥尼纪念碑 [Colleoni Monument]，如果说后者有犯错的话，那是运动的过度表现，以及让人联想到鼓声与小号的步伐与摆动。但在风景画中，韦罗基奥无疑是一位创新者。为了理解他带来的新元素，我们此时必须下定决心，探究风景画中愉悦感的源头；为了避免对于此处论述来说太过宽泛的主题，我们要探究的是佛罗伦萨人付诸实践的风景绘画。

在韦罗基奥之前，他的前辈中先有阿莱西奥·巴多维内蒂，后有波拉约洛，都试图在绘画允许的情况下尽可能地以自然主义的方式描绘风景。他们的理念是在特定视角记

安德烈·韦罗基奥，《巴托洛梅奥·科莱奥尼骑马雕像》，1480—1488，威尼斯圣若望与保罗广场

录绝对准确的风景，他们的主题几乎一成不变的都是瓦尔达诺，他们的成就则都是这个托斯卡纳天堂的鸟瞰之景。不可否认的是，这些作品带来了愉悦感，但这种愉悦感与触觉值传递的一样。在这里，我们不必费劲就能完全看到地平线边缘附近的地方，不像在现实中难以清楚地分辨，由此，我们极大地肯定了生命的能力。现在如果像多数人含糊以为的那样，风景画是仅通过双眼而来的愉悦感，那么波拉约洛式的处理方式则没有后来者可以比肩，超越他的只有罗杰·凡·德·韦登 [Rogier van der Weyden]，与古雅的德国人"莱佛斯堡的激情大师"，后者使我们极为精准地看到几英里外的物体，固有色

阿莱西奥·巴多维内蒂，《耶稣诞生》，1460—1462，佛罗伦萨圣母领报大殿藏

彩的强度仿佛我们只站在几尺以外。如果风景确实如此，那么没有什么要比渐变的色调、大气及室外光更缺乏艺术性了，它们全都使远处的物体更模糊，也因此绝不可能趋向于提升我们的感知能力。但事实上，我们在真实风景中体会到的愉悦感只在有限的程度上关乎双眼，它在很大程度上是一种异常强烈的幸福感。因此，画家的问题不仅是塑造可见对象的触觉值，还要比自然更快更可靠地传达对异常强烈幸福感的**意识**。这项任务以纯视觉的方式传递主要由非视觉感受引发的感觉，它的难度在于塑造作为艺术的风景且仅对风景而言的特有之物，直到最近，也只是偶然且零星地获得成功。只有当下在我们的时代，绘画算是严格意义上努力克服了这个问题，或许我们已经来到了一门艺术的黎明时分，它与迄今为止都被称作风景画的关系正如我们的音乐与古希腊或中世纪音乐的关系。

在佛罗伦萨人当中，至少韦罗基奥最先认为风景画不是如实地再现轮廓线，自然绘画是一门与人物画截然不同的艺术。他几乎不知道两者的区别在何处，但感受到光与大气在两类画中扮演着完全不同的角色，且在风景画中这些元素至少有着与触觉值相同的重要性。我必须承认室外光的景象有些模糊，似乎是在韦罗基奥的面前盘旋，而韦罗基奥感觉自己无力以光的全部效果处理这景象，就像他在早期绘画中尝试的那样，他故意选择了黄昏时分，那时在天气晴朗的托斯卡纳，突显在浅乳灰色天空中的树木几乎是黑色的。描绘出柔和且舒缓的凉爽效果，与经过白天强光与尘土沾染后的露水——如此无与伦比的效果如戈拉伊的《挽歌》[*Elegy*] 中呈现的一般——似乎是他作为画家的首要心愿，并出现在他的《圣母领报》[*Annunciation*]（乌菲齐美术馆藏）中。我们觉得他成功了，在他之后，只有一位托斯卡纳人和他一样成功，那就是他的学生莱昂纳多。

十

从波拉约洛与韦罗基奥快进到波提切利与莱昂纳多确实很诱人，这些作为艺术家的天才在两代人之后再次出现，几乎毫不费吹灰之力就完成了前辈们上下求索的目标。但是，从这些作品中，我们甚至比现在更难找到那些在世界伟大艺术家中名不见经传的画家，这些画家作为进化链条中的一个环节，几乎没有任何重要性，但却不能被忽略，部分是因为他们确实拥有一些才能，部分是因为他们的名字会在关于佛罗伦萨绘画甚至如本文此处这般简短的叙述中被忽视。我主要指的是贝诺佐·戈佐利与多梅尼克·吉兰达约 [Domenico Ghirlandaio]，前者活跃于 15 世纪中叶，后者出现在 15 世纪后期。尽管他们罕有联结，但有许多共通之处。作为艺术家他们仅是平庸之才，几乎没有能够使绘画成为一门伟大艺术的真正感受。他们两位真正的吸引力完全在纯艺术范围之外，风俗画图解领域之中。他们之间的相似性终结于此，而在共同领域中差异显著。

贝诺佐身赋罕见的才能，不仅是执行能力还有他的创造力，他讲述的故事带着率性、新鲜感与生命力，唤醒了我们心中的孩子以及童话故事的热爱者。在他生命的后期，更为宝贵的天赋弃他而去，但谁又会拒绝他早期作品中的幻想呢？它们看起来仿佛出自忘却了天堂而迷恋尘世与春光的弗拉·安杰利科之手。在里卡尔迪宫的壁画中，这位佛罗伦萨学徒业已沉浸于描绘他对城中圣约翰日庆典的幻想，但这是一个多么奢侈和辉煌的

多梅尼克·吉兰达约,《屠杀无辜的人》,1486—1490,佛罗伦萨新圣母玛利亚教堂藏

天真理想啊!在此,他眼中世界的魅力开始慢慢离他远去。他在比萨的壁画确实有许多风俗画古朴的零星元素(单凭优越的联想就好过特尼尔斯[Teniers]),但永不再出现童话故事。所有风俗画中的祸害,无意义的细节与绝对低劣的趣味让更优秀的作品退场,而被劣品取代。相较于他理想的伟大城市,巴比伦[Babylon]画作中杂乱无章的建筑,难道不比伦敦、纽约或柏林向我们展现的更糟糕吗?或许可以说他在此处延续了中世纪的传统,但这个事实确实表明了他的真正地位,尽管他采用了许多15世纪的改进手段,但他并不在文艺复兴众多艺术家之列,而类似于斯皮内洛·阿瑞提诺[Spinello Aretino]与詹蒂莱·达·法布里亚诺[Gentile da Fabriano],属于转型时期讲述故事与装扮童话的画家。然而,他偶尔也会把一个头像表现得如此有特色,或者如此轻松地表现一个动作,以至于我们会疑惑他是否真的身怀艺术家的创作手法。

相较贝诺佐早期流行的样式,吉兰达约天生在绘画方面更科学且更为精巧,所有勤奋、职业热爱,甚至才能能为人所做之事都可为其所用,但不幸的是他没有天赋的火花。他欣赏马萨乔的触觉值,波拉约洛的运动,韦罗基奥的光效,并成功地粉饰了他对这些大师的借鉴,以至于佛罗伦萨那些市侩的杰出人士会说:"现在有一个人,他了解的知

贝诺佐·戈佐利，
《三王来拜》，
1459—1462，佛
罗伦萨里卡尔迪
宫藏

多梅尼克·吉兰达约，《约翰诞生》，1486—1490，佛罗伦萨新圣母玛利亚教堂藏

识与那些伟大人物一样多，却能够带给我真正能享受的东西！"明亮的色彩、漂亮的脸庞、杰出的肖像，以及每个地方显而易见的事物——必须要承认，它们都很吸引人且令人愉快，但是，除了某些单个人物，这些都不重要。让我们稍稍看一下他在新圣母玛利亚教堂的著名壁画。首先，它们是如此不具装饰性，尽管其色调与表面是四个世纪的时间赋予的，它们仍暗示着许多嵌入墙面，并排分层的生动场面。其次，是像布满插图的报纸一样的构图——看那《屠杀无辜的人》[Massacre of the Innocents]，这个场景有着如此壮丽的艺术性。最后，不相关的情节与肖像群尽其所能地分散我们对所有更高级别的意义的注意力。看那《约翰诞生》[Birth of John]，吉内芙拉·德·本奇 [Ginevra dei Benci] 正站在前景中，呆板地盯着你，就好像照相师的金属工具正顶着她的脑袋。甚至更大一群穿着华丽服饰的佛罗伦萨家庭妇女使《圣母诞生》[Birth of the Virgin] 形象尽毁，画家用来炫耀对古代熟稔的浅浮雕以及裙角飞扬的倒水侍女——这是为了在运动的处理中炫耀技艺——进一步破坏了画面。但在其他地方，如乌菲齐美术馆的《耶稣显圣》[Epiphany] 中，吉兰达约有着无法否认的魅力，他的才华偶尔会在肖像画中达到高峰，超越了平庸，

多梅尼克·吉兰达约,《圣母诞生》,1486—1490,佛罗伦萨新圣母玛利亚教堂藏

例如圣三一教堂的萨塞蒂壁画,才能几乎变成了天赋。

十一

乔托与马萨乔的所有成就在触觉值的塑造,弗拉·安杰利科或菲利波在人物表情,波拉约洛在运动,韦罗基奥则在光影。莱昂纳多毫无试探的迹象,也没有像这些前辈们一样付出辛劳,便与之势均力敌,或将其超越。除委拉斯贵兹,或是最佳状态的伦勃朗 [Rembrandt] 与德加之外,我们不会再看到像莱昂纳多的《蒙娜丽莎》[Mona Lisa] 那样令人兴奋且信服的触觉值。除了德加,我们不会再发现像乌菲齐美术馆藏的未完成作品《耶稣显圣》一样对运动艺术的精通。如果莱昂纳多作为一位光线的画家已被远远甩在后面,那么没有人能比他在《岩间圣母》[Virgin of the Rocks] 中所做的那样,通过光影成功传达更具穿透力的神秘感与敬畏感。除此之外,还有一种几乎从未被人触及的美和意义的感受。还能在何处看到如此凄美动人的青年,如此强健的男子气概,如此高贵并掌握着世界秘密的老人！谁能像莱昂纳多那样描绘母亲从孩子那儿获得的幸福和孩子活泼的欣喜？谁能像莱昂纳多那样刻画少女的羞怯，对世事的新奇以及细腻与文雅，或是迷人女子的直觉与她成熟年岁中的无尽魅力？看看他为《圣母像》[Madonnas] 所作的众多草图，为唐娜·劳拉·明格蒂 [Donna Laura Minghetti] 画的《处女肖像》[1][Profile of Maiden] 或者《蒙娜丽莎》，看看你能在何处发现能与之匹敌的作品？莱昂纳多是能以完美文字描述的艺术家之一：他触碰过的每一件事物都会变成永恒美丽之物。无论是头盖骨的横截面，还是水草的结构图，或者是肌肉的习作，他以其对线条与光影的感受，将它们转变为表现生命的价值；所有这些都并非是有意而为之，因为这些奇妙草图中的大部分都是匆忙完成的，用来图解纯粹的科学问题，而这是他当时唯一醉心之事。

正如他的艺术在表现生命方面几乎无人望其项背，他对提升生命感的个性思索也无人可及。试想虽然他是一位伟大的画家，但他作为一名雕塑家、建筑师、音乐家、即兴诗人，同样声誉斐然，而且，所有这些艺术职业在他的生涯中仅出现在他追求理论与实践知识的碎片时间中。那时好像几乎没有出现现代科学的领域，但他或在想象中，或清晰地预见到了它，那几乎不是一个有着丰富猜想的领域，而他在其中也并非是一个自由人，仿佛没有一种人类能量的形式是他没有表现过的。他向生命索取的都是有用的可能！当然，他给我们带来了最令人高兴的消息——人类大家庭的奇妙可能性，我们都有机会参与其中。

因此，对莱昂纳多而言，绘画并不是一件很重要的事情，以至于我们必须仅把它看作是一位全能之才在某些时刻使用的一种表达方式，只有当他不再从事吸引人的职业，并且只有当他以最高的物质意义来表达其他任何东西都无法表达的最高精神时，他才会重拾绘画。尽管他极为精通这门手艺，但他对意义的感觉更为杰出，以至于他在自己的画上徘徊了很长时间，努力想要塑造出他感受到的意义，但他的双手无法复制这些意义，所以他很少完成它们。我们因此在数量上有所损失，但在品质上呢？一位纯粹的画家，甚至是一位纯粹的艺术家能像莱昂纳多一般去观看和感受吗？我们或许也会疑问。我们太容易将全能型的天才看作是数颗普通大脑以某种方式在一个脑袋中的结合，且这种结合常常不是最和谐的。我们忘记了天才意味着精神能量，阻碍莱昂纳多仅成为一名画家的原因——实际上，它并没有耗尽他百分之一的能量——会在他转向绘画时使其拥有观

---

[1]　这幅画曾一度被归入莱奥纳多名下，但现在认为出自他的学生。（编者注）

莱昂纳多·达·芬奇，《蒙娜丽莎》，1503 或 1506，罗浮宫藏

莱昂纳多·达·芬奇,《岩间圣母》,1483 或 1486,罗浮宫藏

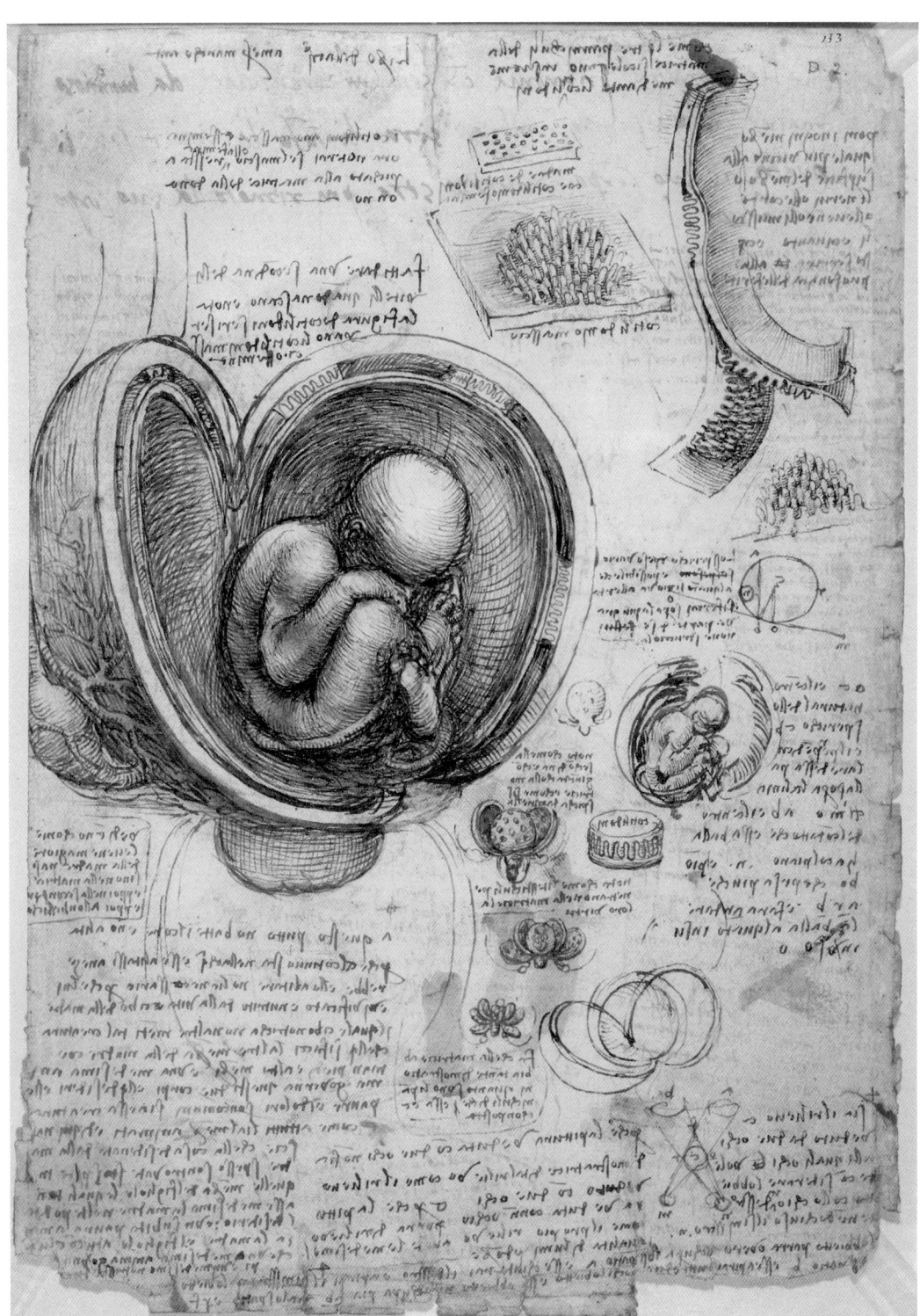

莱昂纳多·达·芬奇,《胎儿在子宫中的研究素描》,1510—1513,英国皇室收藏

莱奥纳多·达·芬奇,《圣母领报》,1472, 乌菲齐美术馆藏

看、感受与塑造的力量，程度完全超越普通画像，就像《蒙娜丽莎》远在安德烈·德尔·萨托的《妻子肖像画》[*Portrait of his Wife*] 之上一样。不，我们不要责备莱昂纳多画得如此之少，因为他除了绘画还有更多要做的事情，他已经为我们所有人留下了继承人，接手他曾创作过的一两件至高无上的艺术作品。

十二

桑德罗·波提切利的作品绝不漂亮，鲜有魅力甚或吸引力；他的素描难得无误，色彩也很少令人满意；他画的样式不讨人喜欢，给人极度剧烈甚至是悲痛的感觉——那么，是什么使他如此令人难以抗拒，以至于今天的我们别无选择，只能崇拜或憎恶他？秘密在于欧洲绘画中再也没有一个艺术家对再现如此漠不关心，而对表现方式如此醉心的了。受教于自然主义胜利的时代，起初，他以近乎自我毁灭的诚挚投入到纯粹的再现中。作为弗拉·菲利波的学生，他被训练成为精神上风俗画的热爱者。他天生具有强烈的意义直觉，能够创作出如在其壁画《圣奥古斯丁》[*St.Augustin*] 中所画的那类思想家。然而，在他最好的年华，他把一切，甚至精神的意义都抛在了脑后，只专注于表现在画面中直接传递生命力并提升生命的品质。我们中那些只在意艺术作品所再现之物的人，要么被他未经雕琢的样式与颤抖的感觉强烈吸引，要么将其排斥；但如果我们对触摸与运动的想象力易被激发，我们就会在波提切利作品中感受到一种其他艺术家（如果有的话）很少能带给我们的愉悦。他绘画作品中的再现元素会以最为强烈的怜悯与最猛烈的憎恶启发我们，在这两种情感被耗尽后很久，我们也只是接近充分欣赏他真正的天赋。这在最欢乐的时刻中是一种无与伦比的力量，它将触觉值与运动值完美地结合在了一起。

例如，看看波提切利的《维纳斯的诞生》[*Venus Rising from the Sea*]。自始至终，触觉想象都被其本身近乎音乐一般的生命提升激发成激烈的活动。但是当女神马鬃一般随风飘动的长发，没有凌乱散落，而是在受力后成束地弯曲，此处音乐的力量甚至超越了直接传达生命感的运动。整幅图画向我们呈现了使我们触觉与运动想象感到愉悦的所有典范。在风的吹拂与它的新鲜气息，以及那生命浪潮中我们是多么陶醉！他常常散发出这样的感染力。他的主题或是想象的，如《维纳斯的王国》[*Realm of Venus*]（《春》[*Spring*]）；宗教的，如西斯廷礼拜堂壁画或《圣母加冕》[*Coronation of the Virgin*]；政治的，如近期发现的《制服半人马的帕拉斯》[*Pallas Taming a Centaur*]；甚至是粗俗的寓

桑德罗·波提切利,《圣奥古斯丁》, 1480, 佛罗伦萨诸圣教堂藏

桑德罗·波提切利，《维纳斯的诞生》，1485，乌菲齐美术馆藏

意式，如在罗浮宫的壁画——无论这些主题多不吉利，观念多么抽象，对我们触觉感受的生动吸引和传达生命的运动都一直存在其作品之中。确实，有时看起来主题的艺术性越少，完成时就越具有艺术性，画家被迫将最大程度的触觉值与运动值赋予那些容易仅被解读为空洞象征符号的人物。因此，在《制服半人马的帕拉斯》中代表政治混乱的"半人马"身上，波提切利倾注了他最精湛的才华。他建构躯体与侧身像的方式是，每条线、每个凹陷处与凸起处都如此生动地吸引触觉感，以至于我们的指尖有如感受到画中身躯的每一处一般，人物的脸庞更加突出了这种令人信服的真实感，每条线都发挥出眉宇、鼻梁及脸颊骨骼结构的功用。至于头发——在摇曳的火焰轮廓中，你可以看到想象的形状拥有了线条的杰出生命，还拥有某种事物的所有可塑性，抚摸着按自己的愿望塑造的它的手！

桑德罗·波提切利，《制服半人马的帕拉斯》，1482，乌菲齐美术馆藏

桑德罗·波提切利，《春》，1482，乌菲齐美术馆藏

桑德罗·波提切利,《坚韧》,1470
乌菲齐美术馆藏

实际上，单是主题，甚至一般而言的再现，对于波提切利来说都不陌生，以至于他几乎好像是被表达触觉与运动无形价值的想法所俘获一般。现在，有了一种几乎不用实体甚至能塑造触觉值的方式，即尽可能如实地将它们转化为运动值。例如，我们想要不带任何最轻微的光影修饰来塑造一个手腕的圆转，我们只需勾画手腕轮廓的运动，以及织物垂坠的运动即可。但是让我们更进一步。以这条塑造手腕圆转的线条为例，或一个更为明显的例子，即《维纳斯的诞生》中塑造翻腾的头发、舞动的织物以及跳跃的海浪的线条，以这些线条与激发我们运动想象的所有力量为例，我们拥有什么？抽象化且与任何再现无关的纯粹运动值。那么，这种线条作为运动的典范，如所有艺术中的本质要素，有着刺激我们想象力以及直接传达生命的力量。好的！想象一种完全由这些运动值的典范构成的艺术，你将拥有某种事物，它与再现之间的关系就像音乐与演说之间的联系——这样的艺术是存在的，并被称作线性装饰。在这种艺术中，桑德罗·波提切利或许在日本或东方的其他国度有旗鼓相当者，但在欧洲永远没有。为了满足他的要求，他情愿牺牲在菲利波与波拉约洛——和他的雇主！——手下养成习惯允许的任何事物。对于他来说，再现元素仅是歌剧的脚本：当他的主题将自身转化为可被称为线描交响乐的事物时，他是最快乐的。为了这种交响乐，一切事物都可以让步，触觉值被转化为运动值，出于相同的原因——为了防止目光被拖入画内而使其专注于线条的韵律——背景要么被完全抑制，要么尽可能保持简单。同样的，波提切利几乎蔑视色彩的再现功用，而让色彩完全服从于线描方案，迫使它将注意力引向线条，而不是像往常一样远离它。

这就是对波提切利杰作中价值的解释。在他后期的作品中，如德累斯顿祭坛画，我们确实看到了线条的酒神狂欢而非交响曲，在他的许多早期绘画中，如《坚韧》[Fortezza]，甲胄与马饰将珀加索斯伪装得如此隐蔽，我们几乎无法从拉车的马上认出他。但是画出《维纳斯的诞生》与《春》，或者莱米别墅壁画的画家是欧洲有史以来最伟大的线描赋形艺术家。

十三

莱昂纳多与波提切利如他们之后的米开朗基罗一样，只有模仿者但没有继承者。想要比莱昂纳多传达更多的物质与精神意义，艺术家得对意义有更深层次的感受；想要比

弗拉·巴尔托洛梅奥,《基督降生》,
1504 或 1507, 芝加哥艺术研究院美
术馆藏

波提切利获得更多赋形中的音乐，画家需要对再现触觉与运动纯粹本质的再现怀有更大的热情。佛罗伦萨没有这样的人，而波提切利的追随者只能模仿他们师父的样本（莱昂纳多完全是米兰人，并不在我们的讨论范围）：脸部的样本、构图的样本以及线条的样本，又将这些样本拉低到自身水平，粉饰成自己的趣味，降速成他们传递生命力时的迟钝。他们的作品仅是伟大艺术家艺术向普通人艺术的转译，虽然不可避免地在那个时代的普通人中流行（普通人更理解这些作品，在它们面前感觉更自在，而不是那些令人充满敬意却无法仔细享受的原作），但我们仍不需要详述这些普及者与他们的通俗化处理——甚至不必提到菲利皮诺略显浪费的精美修饰，也不需要考虑拉斐利诺·德尔·加博 [Raffaelino del Garbo] 永远无法实现未来的微光。

走近波提切利与莱昂纳多之后佛罗伦萨仅存的一位天才之前，也就是米开朗基罗这位集所有最古怪特征于一身，在佛罗伦萨实现其艺术价值的奋斗中的最伟大的艺术家，让我们先暂时转向一些画家，只因他们身怀多种才能，若在其他地方也许已经成为大师。弗拉·巴尔托洛梅奥 [Fra Bartolommeo]、安德烈·德尔·萨托、蓬托尔莫 [Pontormo] 与布隆奇诺或许并不比帕尔马、博尼法齐奥·委罗内塞 [Bonifazio Veronese]、洛托与丁托列托缺少天赋，但他们的才华并不被允许自然绽放，而是被炫耀灵敏的热情烧焦，被学院派的理想摧毁，被米开朗基罗飓风般的力量连根拔起。

弗拉·巴尔托洛梅奥气质文雅、得体、有教养，作为画家拥有一名细密画家对柔美的感受，他受到诱惑抛弃了他可爱的女子、精致的风景画和温柔的表达方式，转而以巨大尺幅机械地构建人物，或是为了人物周围的效果不惜一切代价。正如邪恶要比善良更明显，画出色彩与光影、优雅运动感与迷人感觉杰作的巴尔托洛梅奥，画出卢卡大教堂中《圣母与施洗者和圣斯蒂芬》[Madonna with the Baptist and St.Stephen] 的画家巴尔托洛梅奥，蒙德先生微型画《基督降生》[Nativity] 的柔美设计者巴尔托洛梅奥，上百幅墨水素描大师之作的创作者巴尔托洛梅奥，几乎不为人所知。对于多数人而言，弗拉·巴尔托洛梅奥是浮夸的代名词。人们只知道他画了身体巨大却毫无精神意义的先知、使徒，或是一幅漆黑祭坛画的创作者：这只是他为了获得立体效果手段的报应。

安德烈·德尔·萨托可能尽一位佛罗伦萨人所能地接近乔尔乔内或提香，而在莱昂纳多与米开朗基罗的一旁则感到不安。作为一名艺术家他确实不具备对意义的深刻感受力，但在普通人中，还有谁能创作出比他的手持彼特拉克诗集的《女士肖像》[Portrait

安德烈·德尔·萨托,《女士肖像》,1528,乌菲齐美术馆藏

of a Lady]——或许那是他的妻子——更亲切的事物?在威尼西亚之外,我们还能在哪儿找到如他的《雕塑家》[*Sculptor*] 或他各种自画像这般简单、直率且具有阐释性的肖像画?顺便一提,他的自画像也是一部自传,与现存作品一样完整却少了很多悲剧。他的《圣

蓬托尔莫,《四十圣人的殉道》,
1528—1530,皮蒂宫藏

雅各》[St.James] 爱抚着孩子,几乎也是一件有着最甜美感受的威尼斯风格作品。甚至在色彩效果以及技艺方面,他的《三位一体之争》[Dispute about the Trinity] 与最好的威尼斯绘画又是多么接近——那是怎样的黑色与白色,还有灰色与略带紫色的棕色啊!再加上佛罗伦萨特有的触觉值——圣塞巴斯蒂安又有着怎样的背部啊!但是在一件技艺毫不逊色的作品中,即《鹰身女妖上的圣母》[Madonna of the Harpies],我们已感受到这个未努力发挥自己最大潜能,而渴望豪华壮丽之物的人。即使到这一步,他几乎还是一位伟大的艺术家,因为天性稳健将其拯救,但为何《圣母像》如此明显得如雕塑一般,而善良的圣人们为何身穿这样的垂褶布进行祈祷?

　　这样明显的雕塑感与垂褶布是安德烈在米开朗基罗风格上升风潮中保持清醒的手段。当你依次浏览《天使报喜》[Annunciation] 的壁画时,总体上充满了活泼、快乐与生命中真正的愉悦,你们从一幅壁画看到另外一幅,给予垂褶布的关注越来越多。在斯卡尔佐 [Scalzo] 系列中,除了具有触觉值的杰作以外,垂褶布尽其所能地遮盖了人物形象。这些绘画大部分都被呆板的形式包围,这些造型除了作为画框与织物的衣架别无他用:殉道者撒迦利亚在神庙中的场景便可表明这一点,没有一位旁观者胆敢移动,因为害怕打乱他们排列太过明显的褶皱。

因此，为了表现姿态与垂褶布，安德烈不断地做出牺牲，先是精神意义再是物质意义，他失去了对艺术本质的所有感受。在他的《圣母升天》中，使徒们与圣母除了炫耀垂褶布以外没有其他更好的事情可做，这是何等悲哀的景象！面对提香的《圣母升天》时，我们感觉被天堂包围，与之相反，在安德烈的《圣母升天》中你好似在盯着几个裁缝，每个人都呈现出从背后看你思考试衣时的样子，或是在光线之下的某种效果。但是让我们不要止步于此，让我们记住，尽管安德烈有诸多缺点，他还是画过一幅《最后的晚餐》，那是在莱昂纳多之后可以愉快欣赏的作品。

蓬托尔莫有着成为最顶级装饰者与肖像画家的潜质，但他对米开朗基罗充满敬畏的欣赏使他误入歧途，最终成为一名怪异裸体像的学院派绘制者。我们在波焦阿卡亚诺别墅的弦月窗壁画中便可以看到他在表现自我时会怎么做，它的赋形、色彩与想象力是意大利现存的最鲜艳、最欢乐且最合适的壁画装饰；在圣马可教堂美妙的柯西莫·德·美第奇装饰板中，或《带狗的女士》[Lady with a Dog]（法兰克福藏）肖像画中，我们可以看到他作为一名肖像画家会怎么做，《带狗的女士》也许是第一幅像主的社会地位与其相貌特征相符的肖像画。在他的《四十圣人的殉道》[Martyrdom of Forty Saints]中我们看到大量无意义的裸体像，蓬托尔莫又是如何深陷米开朗基罗的夸张描绘之中。

布隆奇诺是蓬托尔莫的忠实追随者，却没有其师作为装饰者的才能，但令人高兴的是，他拥有其师作为肖像画家的能力。他没有尝试其他任何事情！布隆奇诺画的裸体像不带任何物质或精神意义，也没有任何赋形或色彩美，仅因为是裸体而裸露，这是他构图的理想，结果便是他的《地狱中的基督》[Christ in Limbo]。但是作为一名肖像画家，他拾起了老师中断的风格，并将其延续，留下的一系列肖像画不仅影响了遍布欧洲宫廷绘画特征的确立，而且更重要的是，其中大多数都可以被称作是艺术作品。诚然，作为绘画它们是晦涩的，且常常是羞怯的，但它们与众不同的神态与具有阐释性的品质很难被超越。在乌菲齐美术馆藏的布隆奇诺作品中，比如埃莉诺拉·迪·托莱多、费迪南亲王与玛利亚公主的肖像画，我们似乎看到了委拉斯贵兹为皇后、王子与公主作画的原型；乌菲齐美术馆的巴罗乔厅中，一位手持祈祷书的年轻女子半身像让我们看到高贵地塑造人物个性的典范。

阿格诺罗·布隆奇诺,《埃莉诺拉·迪·托莱多与她的儿子乔凡尼·德·美弟奇》,1544—1545, 乌菲齐美术馆藏

十四

正如我们已经看到的那样，伟大的佛罗伦萨艺术家几乎无一例外都在专心塑造可见事物的物质意义。他们或许未曾认真阐述过这一点，但这仍是大部分人有意识追求的目标；相应的随着他们将自己从教会的统治中解放出来，找到能够理解他们的雇主，他们的目标变得愈加自觉，他们的努力也越来越有活力。最终出现的人物并非是无名之辈的学徒，而是所有人的继承者，他深刻而有力地感受到对其先驱者而言曾是一种模糊本能的东西，看到并将其所有意义表现出来。催生他的种子已孕育出乔托和马萨乔。他是这个家族诞生在最利于艺术环境中的最后一位艺术家，剩余的所有能量都汇聚在他的体内，佛罗伦萨艺术在他的身上到达逻辑顶峰。

米开朗基罗对物质意义的感受力与乔托或马萨乔的感受力一样伟大，但他所拥有的塑造手法继承自多纳泰罗、波拉约洛、韦罗基奥与莱昂纳多——这是乔托甚至马萨乔做梦也想不到的方式。除此之外，他清楚地看到呈现在他眼前却只被模糊感受的事物，再没有比人类裸体更能表达物质意义的手段了。这一情况对认识对象基本状态的依赖度与触觉值对视觉心理学的依赖相当。当我们将对象完美地转化为自己的状态与感受表达时，才会认识它们。这显然是正确的，甚至适用于我们中最没有诗意性情的人。有成千上万个事例可以说明这点，我们仅举一例：因为我们敏锐地意识到一列火车的运动，会用"走"或者"跑"来描述它，而不是"在车轮上滚动"，因此拟人化的罪过不亚于最顽固不化的野蛮。每当我们以最少的热情思考任何事情的时候，我们都会内疚于相同的谬误——我们为这个事物增添了一些人的属性。我们赋予它的人类属性越多，我们对它的了解程度就越少；我们对它认识得越多，它就越接近艺术作品。在现在的可视世界中，我们无须将其拟人化就可以认识的只有一个事物——即人本身。他的运动、他的动作，是唯一不需要努力编造任何神话就能直接认识的事物。由此，不存在一个可见对象有如人体一般的艺术可能性，也没有如它这般为我们所熟悉的事物了。如果再现事物是为了能够比在现实生活中的事物更快更生动地感知它，那么没有事物能如人体般让我们如此快速地感知到变化，并如此强有力地确定我们感受生命的能力。

我们还记得触觉值与运动是人物绘画（至少在佛罗伦萨人是如此实践的）特定的艺术品质，因为正是通过它们，绘画直接提升了生命。现在，尽管披着垂褶布的人物也能塑造出令人钦佩的触觉值，就像乔托与马萨乔使之永远确立的那样，但垂褶布仍是一种

米开朗基罗,《逐出伊甸园》,1508—1512,梵蒂冈博物馆西斯廷礼拜堂藏

米开朗基罗,《大洪水》,1508—1512,梵蒂冈博物馆西斯廷礼拜堂藏

米开朗基罗，《创造亚当》，1508—1512，梵蒂冈博物馆西斯廷礼拜堂藏

阻碍，或至多只是一种解决困难的办法，因为我们感觉到它遮盖了形式之下真正的意义。但区区一位画家，若满足于复制每个人看到的事物，并为绘画的乐趣而作画，那么他几乎不会理解这样的感受。他唯一在意的是显而易见的事物——人物的脸庞与衣装，正如今天批量生产的肖像画。甚至当艺术家不得不绘制披着垂褶布的人物时，他也会迫使垂褶布塑造裸体，换句话说即人体的物质意义。但当艺术家与意义的完美塑造之间没有任何事物介入时，它会更加清晰地闪现出来，它呈现的特点也会更加令人信服！只有以裸体像才能做到这样完美的塑造。

如果垂褶布阻碍了触觉值的传递，那么它们也使运动的表现变得近乎不可能。为了实现每一处肌肉的运动，充分感受各种压力与阻力，从消耗的能量中直接获得灵感，我们必须使用裸体像，因为只有在裸体身上，我们才能够观察肌肉的紧绷，皮肤的拉伸、放松与起伏，这些都转化为我们自己身上相似的张力，让我们充分地认识运动。也只有在此处，因为产生大量且清晰的吸引力，转化是瞬间完成的，由此产生的感知能力提升几乎可以达到最大的程度。而在披着垂褶布的人物中，我们错过了可见肌肉与皮肤的所有吸引力，只有在某些有用的轮廓线被缓慢转化后我们才能意识到运动，因此，我们从运动感知中获得的感受能力只是略有提升。

现在我们能够理解为什么聚焦人物的艺术都必须以裸体为其主要兴趣，以及，为什么裸体一直是古典艺术中最吸引人的问题。它不仅是艺术中直接加强生命感受和提升生命力的最佳载体，它本身也是人类世界中最具意义的客体。自古希腊雕塑的伟大时代以来，米开朗基罗是首位以伟大的人物艺术透彻理解裸体像特性的艺术家。在他之前，人们仅是为了科学目的研究裸体——塑造披着垂褶布人物的一项辅助手段。他看到这本身就是创作的目的，也是他艺术的最终目标。对于他来说，裸体像是艺术的同义词。此处也潜藏着他成功与失败的秘密。

首先是米开朗基罗的成功。除了最好的古希腊艺术，我们无处可寻像他作品中的形式那般，具有提升我们感知能力的触觉值和直接传达并启发着我们的运动。其他艺术家仅能感受到近乎相同的触觉值，如马萨乔；另一些人至少拥有感受运动并塑造它的能力，如莱昂纳多；但在现代，没有一位艺术家能像米开朗基罗一般完全支配着物质意义，并可以像他一样将这意义用在体现它的全部价值的主题上——裸体像。因此，在现代艺术的所有成就中他的最令人振奋。诚然，《创世记》[Creation] 中的亚当、《诱惑》[Temptation]

米开朗基罗，《众神射靶》，1530，英国皇室藏

米开朗基罗，《赫拉克勒斯与狮子》，1530，英国皇室藏

中的夏娃或同样位于西斯廷礼拜堂天顶画中的其他裸体像并未常常唤起我们的触觉想象力——需要指出的是，它们除了直接振奋精神的效果之外，别无其他用途！我们也常常从他的许多画作中获得纯粹的能量：《创造亚当》[God Creating Adam]、站在以赛亚旁边的《天使男孩》[Boy Angel] 或者——从他的素描作品中选择一两则例子（也是现存最好的素描作品）——《众神射靶》[Gods Shooting at Mark] 或《赫拉克勒斯与狮子》[Hercules and the Lion]。

在物质意义的感受以及所有将其传递的力量，还有所有较为狭义层面的艺术能力之中，米开朗基罗还加入了美与力量的理念，对辉煌的但可能存在的人性的愿景，现代从未出现过与其相似之物。刚毅、健壮、有感染力，满足了我们对栖于美丽身躯中伟大灵魂的梦想，我们只会在西斯廷天顶画的人物形象中频繁地遇见这一切。米开朗基罗完成了马萨乔开启的事务，创作出最适合征服并掌控地球的人物样式，谁知道呢！或许还不止于地球。

但不幸的是，在他出生与成长的世界中，他对裸体像及人性之理念的感受有可能受到欣赏，但他在悲剧的灾难中度过了大部分人生，而这段时期也是他精力的全盛时期，在他最具创造力的岁月中，他发现只有自己或许才是最伟大的，但是，唉！他同样也是诞生了如此多巨人的 15 世纪中最后一位伟人。他生活在一个他只能鄙视的世界，这个世界只雇用他而不能理解他。因此，他不被允许在最能吸引其天赋的领域中工作。他被迫在《最后的审判》[Last Judgment] 这样的主题上耗费精力，与他最强烈的冲动背道而驰。他之后的作品全都呈现出修改的迹象，先是他创造的人物中充斥着他所感受到的蔑视与怨恨，随后是其天赋与被迫执行任务之间的矛盾。他的激情在于裸体像，那是他理想的力量。但像《最后的审判》或《圣彼得上十字架》[Crucifixion of Peter] 这样的主题——基督教世界迫切需要这类主题体现出谦逊者的恐惧与承受者的自我牺牲——他这样的激情该在哪儿宣泄？他的理想又该如何表现？现在，谦卑与耐心对于米开朗基罗而言与他之前的但丁一样，是未知的感受，或者就此而言，对于世上任何时期任何其他富有创造力的天才而言都是如此。他甚至已经感受到了它们，但没有表现它们的方式。因为他的裸体像能够传达力量感，而非软弱；能够传达惊骇，而非惧怕；能够传达绝望，而非屈从。《最后的审判》中的巨大裸体人物确实感受到了惊骇，但那并非是对审判的恐怖，尽管他有着全能的姿态，但似乎与其他人物并无差别，他看起来像在宣告，而非以意志驱使

米开朗基罗,《最后的审判》,1536—1541,梵蒂冈博物馆西斯廷礼拜堂藏

米开朗基罗，《圣彼得上十字架》，1546—1550，梵蒂冈博物馆西斯廷礼拜堂藏

做旁观者、追随者希望做的事。《最后的审判》再现了世界在混乱中消失前的一刻——众神因诸神的黄昏而聚集在一起——它的构思尽可能地宏大：但当崩塌降临之时，无人可以幸免，即便是神。因此，米开朗基罗在这一主题的构思中是失败的，他也只能够失败。但是在整个艺术世界中，我们还能在哪儿接收到这般能量的冲击？它来自巨人的梦，或者，你会说它来自梦魇。由于类似的原因，《圣彼得上十字架》也是失败的。只有能够传递生命并让生命提升的才是艺术。如果它涉及的是痛苦与死亡，则必须一直清楚地

米开朗基罗学生亚里士多德·达·桑加罗的《卡西纳之战（浴者）》复制品

出现这些元素，且只能坚决并尽力将其作为生活的结束。为此，我不禁要问：再现一个头朝下被钉死在十字架上的人，其艺术上仅有的处理方式存在什么样的可能性呢？米开朗基罗除了让旁观者、刽子手传达更强烈的生命感，由此不可避免地产生更多共鸣之外，他什么也做不了！毫无疑问，他失败了！顺便一提，与他天赋契合的完美主题只需要诚实的艺术处理，那便是他的《浴者》[Bathers]，这件作品的诞生比那批最后的作品早了四十年，但它已经消失，只留下很少的一点痕迹，这是何等的悲剧！然而，即便只是些蛛丝马迹也足以让有能力的学生认识到，它的构图一定是现代人物艺术中最伟大的杰作。

　　米开朗基罗有其自身缺陷，这一点毋庸置疑。随着他的老去，其天赋由于缺乏恰当的施展途径，变得停滞不前且越来越黏着，他堕入夸张之中——力量夸张成了野蛮，触觉值夸张成了造型技艺。毫无疑问，他偶尔也如波提切利一般漠视再现！但是，虽然存在诸如运动的事物，但并不存在脱离再现的触觉值。但他似乎幻想过仅呈现触觉值：他的许多素描只充分打磨躯干，对其他部分则视而不见。这仍是他对触觉值充满激情的另一个结果。我业已暗示乔托的类型块面如此之大，因为这样的人物最容易传递触觉值。米开朗基罗趋向于相似的夸张手法，例如将肩膀绘制得过宽，过于具有浮雕感，仅仅因

西斯廷礼拜堂，梵蒂冈博物馆

为这样做能更有效地吸引触觉想象力。我将冒险更进一步，指出他在各类艺术中的缺陷都是由于同样对凸起物的偏好，他在雕塑和建筑中的缺陷都不少于绘画。但是，人物艺术具有真正的艺术性而非只是道德层面的东西，热爱这门艺术的人会在米开朗基罗的作品中，即便是在他状态最差的时期，获得愉悦感，这是除了一小部分艺术家之外，其他人即便在最佳状态也几乎无法给予的。

最后还要提一下，我们关于佛罗伦萨画派如此简短的叙述可以得出怎样清晰的结论：尽管没有一位佛罗伦萨人是单单继承和延续前人的工作的，但他们自始至终都在为同一事业而奋斗。乔托与米开朗基罗之间并无对立。他们二人以及居于两者之间的所有伟大的佛罗伦萨艺术家的最强能量都持续不断地致力于塑造触觉值，或运动，或兼顾两者。现在，成功地解决形式与运动的问题是所有高等艺术的基础，正因如此，佛罗伦萨绘画虽有些许缺憾，但仍是古希腊雕塑之后现存最为严肃的人像艺术。

意大利中部画家

（1897 年初版）

The Central Italian Painters, 1897

佛罗伦萨画家孜孜不倦地追求形式与运动，威尼斯画家所求乃辉煌与色彩的和谐，那意大利中部的画家对文艺复兴时期艺术魔力的贡献是什么呢？在西蒙·马提尼或詹蒂莱·达·法布里亚诺、佩鲁吉诺或拉斐尔的某些壁画或油画中，色彩几乎没有更快地渗透感官，也未温暖心灵。但当不如他们的画家欠缺作为色彩画家的少数品质之时，这些大师有时也会表现得漠然，或确定地说严厉起来。几乎没有人比西尼奥雷利 [Signorelli] 更好地解决了形式与运动的问题，但他的追随者却很少。正是在没有色彩魔法师与形式创作者的情况下，意大利中部的画家作为一个画派保持着高水准。那么，是什么让他们的地区拥有最伟大且是最著名的艺术之名呢？我们当下的探寻如果成功便将发现答案。

一

每当我们看到一件物体，我们便会在记忆中带走它外形与色彩的影子。这个有生命或无生命之物的幽灵以"视觉图像"之名，在不同程度上萦绕在不同人的脑海之中。一些人尽管知道它的存在，但几乎认不出来；另一些人则能够随心所欲地想起这些影子，它们是如此清晰，以至于它们反过来唤起了同类的情绪，并染上了由对象本身引发的强烈感受；还有一些人，仅需要闭上双眼就能直接以视网膜的生动印象与温度去看缺席的外形。严格地说，每个人视觉图像的丰富程度各有不同，但是对于我们的目的而言，这足以将所有人分成我们刚刚定义的三类。第一类人，我们称他们视觉化的能力很差，或者说没有；第二类人，他们有一定的视觉化能力；第三类人，他们可以完美地将事物视觉化。

如果人们从未有过视觉化的能力，或总能将事物完美地视觉化，那么艺术的进程可能会完全不同。如果我们没有任何想起事物外形的能力，单看它们的复制品可能永远不会给我们带来任何愉悦感。为何会是这样？如果我们自身拥有随心所欲便能完美想起视觉图像的能力，那么我们也不再会只关心复制物。但是我们中的大多数属于第二种类型——那些有着普通视觉化能力的人。提到这些对象时，它们的某些图像会隐隐呈现在我们的脑海中。然而，它往往是如此模糊与难以捉摸，以至于它只能诱惑我们而非使我们满足。徒劳地修复了一位不在身边朋友的图像后，最粗略的手工再现物或许都会迸发出愉悦感，一张照片都会看起来像是那位朋友本人；因为几乎任何事物好像都要比存在于我们脑海中他的图像更完整更生动。

如果我们能够将事物完美地视觉化，所有这些将会变得不同。只要提到一个朋友的姓名，我们便会几乎如他在场一般看到他——不，比这还清楚——如我们已经在上百个重要时刻看到他一般。不是一个，而是一千个他本人的甜美身影盘旋掠过，每个都如我们的朋友般向我们问好，并且我们在情绪的鼓舞下会随意集中于这个或那个图像，将其视为我们感情里最好且最忠诚的副手。我们还会关心那仅是其肖像的复制吗？就算如此复制是完美的，它也是其生命中的一个时刻而已。其他任何时刻或许能够同样好的代表他。但是这个单一的时刻完全代表他本人吗？甚至我们拥有的他的每个图像的色彩及温度都取自其他图像。仅是我们朋友的复制像几乎不会使我们愉悦，因为它仅能够传递他众多外观中的一个，而这个外观甚至之后便会逊色于任何一个我们自己脑海中的他的图像。纯粹肖像中的愉悦感实际上是视觉化衰弱力量的产物，且如果不是这样它或许永远不会为人所知。

现在设想一种艺术能够不带任何目的地帮助我们摆脱实际的视觉化问题，我们的每个图像都是完美的。那么这样一种艺术通过我们双眼之窗能够做什么使我们感到愉悦呢？它仍会有两个宽广的领域：一是我们称之为图解的领域，另外一个则是装饰。若非辩解，两则术语都需要解释。我以装饰意指一件艺术作品中所有直接吸引感官的元素，如色彩与色调，或者是直接刺激所设想的感觉，例如形式与运动这样的元素。这个词语从未被人故意在如此宽泛的意义上使用，确实，它是我们语言中最含糊最少被限制的术语之一。但正如过去某段时间的偏好使其指代一件不仅仅是表现性，或学院派，或技巧性的艺术作品中的所有元素一样，我们如果想要使其传达我所给定的完整意义，就不应该将太过沉重的负担强加其上。

现在，图解的定义便顺理成章地出现了：它是一件艺术作品中不具有装饰性的东西。但这个定义太过具有否定意味、太过口头化，不能令人满意。我们必须使其更为具体。这个词语目前的用法太过综合，而且，正如我试图表明的那样，太过狭隘。拉斐尔在梵蒂冈凉廊的《圣经》图解不可能与通常装饰旅途中杂志文章风景照的图解有着相同意义。我们都感受到其中的差异，但它到底存在于什么当中呢？如果我们停止思考它们每一个为我们做了什么，答案便会浮现出来。风景是一个纯粹的复制物，我们将其看作是一个事实，而完全不是艺术。它或许会带来愉悦感，但仅带给那些渴求知识或更为精准视觉形象的人以愉悦。拉斐尔的壁画复制的不是我们周遭世界中常被他本人或其他任何人看见以那样精确的外形呈现的事物。它们传递不出任何信息。但是它们是否同样在我们的视觉化方面毫无建树呢？相反，它们将图像存储在我们的脑海中。那是什么样的图像？什么景象从未发生过呢？就是这样的图像。但是可以肯定的是，这些不是我们之前刚刚论述的视觉图像，我们一致认为那些是头脑中实际看到的事物的影子，那么它们又是什么呢？

最终，它们也是实际所见事物的影子，但是在《圣经》叙述的魔力下，它们在艺术家的头脑中组合、协调，构成一个整体。拉斐尔头脑中进行的这个过程，在我们所有能轻松进行视觉化的人身上都会发生。每个词语都趋向唤醒一个图像，且随着我们的阅读，一个由模糊且转瞬即逝的形象构成不断展开的卷轴——影子的混合与融合存在其中——伴随在我们左右，而这是与词组的意义相对应的。即使我们脑中的全景不缺少任何清晰的事物，我们依旧会从另一个精神里的相同词语组合而成的图像中获得某种愉悦感。在极弱的视觉化能力者案例中，这一点不适用，因为我们渴望更为精准的形象，但仅是因为任何两个头脑中的想象图像是永远不可能完全一样的。那么假使另一个头脑储存的外观影子本身便要比我们个人世界中的更好会怎样呢？假使那个头脑还有着更为有效的融合与协调这些图像的能力，要比我们的更吸引人，又会是怎样呢？让那个人阅读《旧约》，或者沉思任何可能拥有其图像对应物的事物，图画会成群通过他的精神视域，如果我们能看到它们，它会揭示出比我们自己发现的更高水平的设想与更深层次的意义，还会以一种想象具有的感染气质使我们激动——至少在此时此处——那种想象要比我们自己的更丰富、更温暖且更完整。

但是像这样的精神图像如何变成一件艺术作品呢？答案似乎足够简单：在精神图像成为一件艺术作品之前，它必须被准确地在大理石中或画布上复制。但仅是如此吗？大多数人会毫不犹豫地说是的。他们会将艺术定义为如实再现事物之美的复制物，或此类事物融合协调的图像。亚里士多德与左拉对理念的古老论述与对气质的新探索毫无疑问在这个范畴之中。多数会将常见的难题，即照片与如瓦特肖像画这样的艺术作品之间的区别，解释为其中一个复制的是一个人的单一图像，另外一个则复制了由杰出力量的大脑所形成的合成物。因此，伟大的艺术会被定义为不仅是对自然的盲目模仿，而且还是对萦绕在伟大思想周围的视觉图像的复制。

然而，有一些人不会乐享此定义。他们会说纯粹的复制不是艺术，无论客体再现得多么美丽和高贵。他们还会补充道，这带来的愉悦感不是艺术性的，而是更为一般意义上的美学的，或者也许仅仅是智性的，并且他们还会坚持在一个本身便是美丽的事物（或者一幅美丽的精神图片）和一件艺术作品之间做出区分。他们还会坚持区分术语"美学的"[aesthetic] 与"艺术的"[artistic]，允许前者的意义包含后者，但限定"艺术的"愉悦感只来源自对一种品质有意识的鉴赏，而正是这种品质区分了客体或精神图像——本身便是美丽的——与有着我所说装饰品质的艺术作品之间的差别。他们不会否认一件艺术作品或许可以从客体的特征，或复制的精神图像中获得，但是他们会坚称它作为艺术的特殊价值完美地区别于并且稍微依赖原物的价值。他们还会更进一步说如此一件艺术作品相对而言极少从再现物体的吸引力中受益，但艺术家可以强化几乎任何被他处理的客体，并使其荣耀。事物的纯粹复制，无论本身是何等尊贵，无论客体是否真实存在，或是最高贵想象的最高贵构想，他们都会说是如"文学"般——而我不敢苟同的仅是语词方面，即图解。

最后，我们获得了一直找寻的定义。图解是艺术作品中所有吸引我们的事物，不是因为任何内在属性，如包含在艺术作品本身中的色彩，或形式，或构图，而是因为所再现的事物在别处的价值，无论是在外部世界还是内在精神中。如果一件艺术作品没有任何内在价值，或者如果我们无法感知它，对于我们来说它便只是图解，它是否是被画出的、雕刻出的，还是在纸板上着色的，或者在画板与墙上画下的，都无关紧要了。如果除了诸如在真实或理想事物领域中，属于其绘画记下的图像之外，我们在他们中间感知不到其他品质，那么拉斐尔与米开朗基罗、莱昂纳多与乔尔乔内也仅是如为流行杂志提供设计的写手一般的插图师罢了。诚然，在图解领域，伟人命名的图解与当今无名之辈的图解之间有着整个宇宙的区别，但从此观点出发，他们都是纯粹的插图师。

"图解"，正如我将使用的，这个词的范围要更窄一些，但与此同时，这个词也比当下的用法更宽泛，因为当下的用法将其限制在从属于凸版印刷的艺术范畴当中。它将排除对物体单一感知的简单复制，后者的形状太不明确，以至于除极无教养之人外，无法给其他任何人带来愉悦感，对于无教养之人而言，简单的识别已是一种快乐。另一方面，它会包含所有那些视觉图像的复制物，无论如何精致且有意义，也无论它们以何种造型铸造，其形式都没有我们或多或少有意识感知到的它本身具有的固有价值。

二

现在，在这章关于意大利中部画家的开端，我并非出于学术理由谈及视觉图像，并在艺术作品中清楚地区分装饰与图解。它是一条陡峭的捷径——我们会轻松地开辟一条和缓攀登的康庄大道！——一旦我们勇敢地踏上这条路，就会理解许多一直困扰困惑我们的问题。

例如，什么问题要比风格甚至是趣味的转变更令人困惑的呢？它使大多数人成为轻蔑的怀疑论者，并将沉默或者是悖论的选择强加在仍相信的极少数人头上。"爱好不容争辩"[De gustibus non est disputandum] 这则格言于当下的恪守并不比更为野蛮的时代要少。诚然，优雅禁止在趣味问题上做过多的讨论，但如果诸如此类的问题足以引起人们的注意，且如果我们能够不惧冒犯地表达自己的观点，那我们还能否如此确定不应该得出任何结论？我想是不会的。幸运的是，此时此刻冒险尝试并非我们的工作。但至少有一件事是必须要立刻澄清的，即艺术中偏好的问题与生活中完全不一样。生活所创造的需求在每代人、每十年、每一年，不，甚至每天、每小时之间都有所不同。对那些将会满足我们这些需求的事物的最大兴趣，以及对我们同伴中那些不催促或阻碍我们便可满足这些需求的人的敬仰，耗尽了我们的注意力。随着需求的变化，我们渴望和欣赏的对象也随之变化。而且随着渴求与欣赏对象的变化，艺术的主题也会随之改变。不可能存在其他情况。但是构想的深度与理念的魅力，正如我们已经看到的那样，是更多有教养之人在艺术中所关心的全部事物。情况是这样的，艺术必须要么呈现当前的构想和理念，要么失败的结果会让有限的公众感兴趣。现在理念的波动仅可能在理念显而易见的艺术作品中影响那些因素——在图解的部分中。但是正如我们所一致认同的那样，这仅是管中窥豹，或者说甚至离艺术中更为本质的要素都相去甚远。而留下的所有装饰性元素则仅是理念中的改变无法触及的，因为有充足理由说明理念没有它们还是可以充分呈现出来。因此，艺术作品中所有使其与精神图像相区别的事物，所有装饰性元素，如我坚信更为本质的元素是凌驾于风格与趣味之上的。或许会出现某个时代，缺少甚至在更好的时代都极少有人拥有的对艺术区别于图解或熟练的感受，而这些时代便是坏趣味的时代——而不是不同趣味的时代。相比较波提切利或许一些人更喜欢圭多·雷尼 [Guido Reni]，相较于乔尔乔内更喜欢卡拉奇兄弟 [the Caracci]，相较于皮维·德·夏凡纳 [Puvis

杜乔·迪·博尼塞尼亚,《圣母子》,1285—1286,乌菲齐美术馆藏

de Chavannes] 更喜欢布格罗 [Bouguereau]，但让他们不要幻想自己的偏好是有艺术根据的。事实是对于一幅作为艺术作品的绘画而言，本质的元素是在他们的感知之外的，他们在一幅图画中除了在现实生活中使其愉悦的东西之外，是发现不了其他什么事物的，或者说只能发现他们碰巧欣赏的那种技巧展示（人们的趣味在现实生活的事物中有一千种被评价的标准，但是它们中没有一个是纯粹艺术性的，也不是我此处所关心的）。

因此我们对组成艺术作品的要素进行粗略划分，将它们归为两类，一类是图解式的，另一类则是装饰性的，这样的区分已经很有用了。它使我们能够区分在艺术作品中，什么是易于改变和塑造的？什么是永恒的？装饰元素即固有价值，与心理过程本身一样永久，我们有理由相信，在不同时代，它只会在程度上有所区别，而在种类上则永远相同。但是图解会在不同时代随着精神内容的变化而变化，它所复制的视觉部分也是如此，且与种族和个体一样多变。

这就得出了一个明确的结论，即一个阶段的艺术，如果除图解元素之外，几乎不包含其他任何元素，那么它就会随着它所复制的理念而消失；此外，如果我们没有感知到艺术作品中的装饰性元素（尽管我们无能为力，但它可能存在），当我们厌倦了它所体现的生活、感受或思想阶段时，便会不再关注它。

三

那么现在，无论如何我们可以暂时停止空想与定义了，认真地转向意大利中部画家。正如我们在开始时达成的共识，他们常常不是以色彩吸引人，并且不太擅长形式，但画派中的一两个分支还一直受到关注，而对于那部分受众我不会说是最具艺术细胞的，但确实是最有文化的公众。我们现在可以理解其中缘由。意大利中部画家不仅是最渊博且最伟大的一批大师，还是我们欧洲有史以来最令人愉悦且最成功的图解大师。他们所见并将其复制的愿景包含两个不同时代的渴望与理念。这两个时代中，前者是中世纪，远在我们身后，它的渴望与理念对我们中的大多数而言也不再是可以理解的，而包含其渴望与理念的艺术仅残留着它曾拥有作为图解的魅力与魔力，并衰退为记载着逝去事物的厚重文献。但另外一个时代，我们仍生活其中，这些最先表达其渴望与抱负的形式如同在拉斐尔脑海中被构思出来之时一样，在四百年后的今天一直在回响。

杜乔·迪·博尼塞尼亚，锡耶纳大教堂祭坛画正面，1308—1311，锡耶纳大教堂博物馆藏

杜乔·迪·博尼塞尼亚，锡耶纳大教堂祭坛画背面，1308—1311，锡耶纳大教堂博物馆藏

　　我们会从图解中世纪的意大利中部绘画画派开始。意大利图像艺术的实践或许自起源的早些时候开始便从未中断过，追寻它们贯穿始末的踪迹是一件冗长乏味的任务，因为它现在停滞不前，随后便会逐渐退化，最终几乎消失，直到被未经挖掘的汹涌泉水滋养后再次涌现。它是伊特鲁尼亚天才的复生吗？它是从拜占庭被风吹拂跨海而来，或者它是从法国欢乐的田野越过山脉而来的吗？让历史学家们去发现这些迷人问题的答案吧。我们的兴趣不在其起源，而在对艺术作品的欣赏上。对于欣赏者来说，知晓在13世纪末"柔和的锡耶纳"围墙之中，也是当时意大利城市中一如既往的女巫与王后，作为一门艺术的绘画正蓬勃发展就足够了。

　　这是新生长的第一朵花，这朵花的种子孕育了所有的锡耶纳艺术，这个人即是杜乔·迪·博尼塞尼亚 [Duccio di Buoninsegna]。因为这个原因，且因为他在其时代与画派中是如此典型，还如此多地预示了所有意大利中部画家的特质——因为所有这些思考，我们必须相当详细地叙述他。

　　杜乔完美地符合中世纪精神对一位画家的所有需求。中世纪艺术家的主要任务便是重写救世主与其无瑕母亲的故事，所使用的图画文字是如此精致，以至于最没有学问的人都能够阅读。与此同时，这些壁画旨在作为一种奉献与神殿中所有其他剩余的陈设及实际用装饰一道被贡献出去，因此它们有着尽黄金与技艺之所能的华丽。在天才之人的手中，图画文字能够将自身变换成美妙的图解，并将奉献变换成美妙的装饰。在杜乔手中它们是否也经历了这样的变化呢？

让我们在一个祭坛背后的装饰屏风画中找寻答案。这件作品曾被装入一个辉煌的祭坛当中，所放置的神殿如基督教世界能够呈现的一般壮丽。现在它已在锡耶纳大教堂外的博物馆中腐朽，人们对它不再感兴趣，因此也不再是一件适合献给神的祭品了。它们绿金色的金属光泽给这些镶嵌板带来的柔和奢侈感是我们不期盼在绘画中获得的，而是从青铜浮雕中获得的——如吉贝尔蒂的《天堂之门》[Gates of Paradise]。对于那些把所有理论都安然抛在脑后理解这些作品的人来说，他的头脑需对将要感知事物中的独特标记有所警觉。这件神秘作品在初次闪现时，有一种由感官吸引与精神联想合成的魅力。它就像某些装订好的装饰华丽的无价手抄本，嵌着象牙，装饰着黄金，镶着宝石。当你近观之时，就好像翻开一本书的封面，并在其中看到了一系列辉煌的图解一般。此处，熟悉的故事被简单、清晰且完整地复述出来，伴随着这些传说常常唤起的模糊图像，对于杜乔的大部分同时代人而言，一定像是在黑暗中摸索之后迎来清晨愉快且充满信心的光线一般。不但如此，杜乔不仅提供了所能达到的最好的图画文字，他给予所述所有故事以作为天才之人在其中感受到的价值，并将其观者提升至自己的感受层次。

让我们浏览一下这些景象。在一座宫殿里，在两排沉思着的老翁的尽头，坐着一个威严的男孩。左侧正走进一位女子和一位老人，他们惊讶地举着手斥责着。从未发现过比这更适合的"博士中的基督"故事图解。没有一个人物太出跳，没有琐碎的事物，但也没有一处触动将其提升至超越人类共情之外。姿势、姿态与表情无法为主题服务更多了。

另外一个场景：基督在弯腰给他的门徒们洗脚之前向其说话。他面朝他们坐着，如祭司一般庄严，尽管门徒们看上去好像已与他相识很久，但这是他首次向他们展示自己。迷狂信仰中的热情与令人怜悯的渴望将自身抬高，在太过短暂的瞬间去理解并使自身的美德清楚地展现出来，这些元素或许从未被如此令人信服地演绎过。表情——需要注意的是，是个人表情，因为此处的人有着不同年龄与气质——从不是处理壮丽景象的天才之人更为顺从的女仆。

我们在下一块图版中看到的是门徒们观看基督为彼得洗脚。他们脸上的表情是近乎恐惧的惊愕，还有怀疑，就好像他们无法相信双眼所见一般。基督完全是怜悯且谦卑的。彼得则将手举在头上，就好像在确定他自己的身份一般。

在这本小书的其余部分中，很容易就能写满杜乔的这幅壁画在解释和表达方面几乎无法超越的胜利。但是多一两个实例一定足够了。我们看到基督现在身穿华丽的金色长

杜乔·迪·博尼塞尼亚，《博士中的基督》，1308—1311，锡耶纳大教堂艺术博物馆藏

袍，越过地狱之门，将元老与先知们从监狱中释放。他们集合前往那漆黑的洞穴口，严肃的老人们的脸上还留存着延续千年的期待与渴望。然后是复活节，随着光线穿透参差不齐的岩石，三位玛利亚接近坟墓，看到坟墓盖子打开，其上还有一位身披白色圣衣光芒焕发的光辉天使后便突然退缩。关于这个所有主题中最惊人的场景，我不知道还有什么处理方式能比它更令人印象深刻的了。杜乔以其美化的魔力向表情与姿势的剧本中加入了光线的戏剧效果。伴着青铜色的紫色光线穿过稀薄的空气照射下来，我们感觉到了拂晓生机勃勃的凉爽。

于是表情与阐释、构想的宏伟与感受的深度——对伟大图解而言最为本质的品质——杜乔都将其掌控至极限，这暗示出他同样对形式及运动有着足够的掌控，以此来演绎出他的效果。还有其他两个必需品，没有它们，图解艺术只能跛行而无法跳跃。它们即群像 [Grouping] 与布置 [Arrangement]。杜乔拥有这两点，加上他的其他天赋，我们才会在看到锡耶纳祭坛画更多的几件图版时被说服。

让我们首先转向需要戏剧化动作与众多演员的主题——"犹大的背叛"。在前景的中间，我们看到基督的形象一动不动。单薄且灵活的犹大拥抱着基督，与此同时，穿着轻便的士兵抓到了基督，守卫们环绕在他的周围，仅露出怜悯的法利赛长者，他一看见

杜乔·迪·博尼塞尼亚,《基督告别使徒》,
1308—1311,锡耶纳大教堂艺术博物馆藏

杜乔·迪·博尼塞尼亚,《基督为彼得洗脚》,
1308—1311,锡耶纳大教堂艺术博物馆藏

杜乔·迪·博尼塞尼亚,《坟墓前的玛利亚》,
1308—1311,锡耶纳大教堂艺术博物馆藏

杜乔·迪·博尼塞尼亚，《进入耶路撒冷》，1308—1311，锡耶纳大教堂博物馆藏

杜乔·迪·博尼塞尼亚，《基督进入地狱之门》，1308—1311，锡耶纳大教堂艺术博物馆藏

基督的脸就在惊慌失措中退缩。同时，左侧心急如焚的彼得拿着刀冲向一个士兵，右侧聚集的门徒们匆忙跑走，只有最有胆量者敢冒险回头看。我们在此处看到两群人，每个人的动作与表情都呈现得如此清晰，以至于将其弄错会暗示出智力的完全缺失。在另外一块再现"多马的怀疑"的图版中，基督右臂高举，露出他身体一侧的伤口，让起疑的门徒无礼地触摸。这两个人物各自站了出来，从右到左站着剩下的门徒，一侧拥挤，另一侧则更为分散，如此布置使我们看清了每个人脸上的表情。

当我们观赏如"坟墓前的玛利亚"或"背叛"此类场景时，一定已经注意到杜乔能够使我们意识到空间、深度与距离，但再添加几个重要实例也并非画蛇添足。首先，我们转向杜乔业已引入所有祭司般庄严中的一点儿风俗画。我们看到一群人正聚集在空地的火堆周围，俯身伸手去抓那微光。中间的圣彼得正拒绝承认基督，而女仆则匆匆走过。虽然其中的透视法远远谈不上完美，但我们无法要求比此处呈现得更为清晰的定位；内庭与房间、在屋中一侧向上的楼梯、人们坐着的空间——所有事物都与其他事物完美分离，每一个又有其宽敞的深度。

另外一个嵌板某种程度上是杜乔的代表之作——《进入耶路撒冷》[Entry into Jerusalem]。我们身处一个花园中，越过矮墙看向大路，门徒们正跟随基督沿着铺好的路向上攀登。小男孩们背着棕榈枝和橄榄枝走在最前头，调皮地向后看，遇见了穿过城门涌进的人群。在大路的另外一边，我们看见一个果园，其中有的人攀爬着高墙，有的人正在爬树。除此之外还有神庙与耶路撒冷的高塔。这个场景不仅使我们意识到所有这些

杜乔·迪·博尼塞尼亚，《犹大的背叛》，1308—1311，锡耶纳大教堂艺术博物馆藏

事情发生的空间，而且——这不寻常——我们作为这个场景的观者，被迫站在一个固定的位置上，因此，我们不仅被带进现场的密切关系之中，而且不得不意识并注意到作为空间的空间。

那么清楚的是，杜乔能够将几个世纪以来虔诚灵魂持续破解的图画文字转化为图解，提炼并呈现神圣故事所具有的所有意义，至少在中世纪头脑中是如此。但他是否同样成功地赋予了视觉构想以超越其图解优点的内在价值呢？在杜乔的作品中，所有装饰元素都必须按照巧妙誊写视觉图像的顺序排列，它们能够被提升至真正的艺术领域中吗？这便是我们现在必须探究的问题。

在首次看到杜乔的祭坛画的时候，我们被它柔和光辉的魅力震撼。他的嵌板如古老马赛克中的金色一般打动我们，岁月还向其中加入了些许青铜色调，调节我们的情绪，以便享受它们将要呈现的所有事物。这毫无疑问是直接且本质的，而它从艺术的观点来看也具有微小的价值：因为由此产生的愉悦感略微高于单纯物质本身给予的快乐。你们会从老金匠的作品、旧材料或古老刺绣图案中获得相同乃至更多的愉悦感。在那些像绘画一样只稍微依赖材料自身愉悦感的艺术中，这样的感受依旧难和瞬间的感受区分开。但是，正如我们近距离观察杜乔的绘画所见，我们注意到某些对于优秀图解必不可少的品质，正如我们现在可以看到的，它们同样有着极好的装饰价值。杜乔多么令人钦佩地让我们意识到空间的存在，我们已经观察到这一点，但现在我们要放一放，回到主题中去。然而，这是一种太过特殊的艺术品质，而无法为单纯图解所需，我们这个世纪大多数图

杜乔·迪·博尼塞尼亚,《多马的怀疑》,1308—1311,锡耶纳大教堂博物馆藏

杜乔·迪·博尼塞尼亚，《耶稣受难生平》，1316，马萨马里蒂马大教堂藏

解画家的作品，无论是流行的还是深刻的都可以证明这一点。

我们在另外一个方面——在杜乔的群像中——业已发现他的卓越。我们目前仅讨论过杜乔处理手法的清晰性，但他更进一步，如此聚集是为了创造本身具有且通过它们能使人眼睛愉快的人群与线条效果，在其掌控下舒适地分散至空间当中。换句话说，他的构图很好。一些事例会清楚说明我的意思。在一两块嵌板中，我们已经注意到作为图解价值而安排的布置，我们现在可以看它更好的品质。如果人物群像不是如此有节奏地划分，如果大小与形式正好的建筑正立面没有赋予整体群像所需的精准背景，那么"多马的怀疑"只会像单纯的历史片段一般让我们清楚地认识这个故事。如果基督没有直接站在三角墙顶点的下方，后者的高度放大了他本人的身形，或者如果基督没有对着一个拱门，后者将他框在其中，并使其与旁观者分开，以此让他更为醒目地处于注意力的中央位置，那么基督的表情与姿态将不会有什么不同。如果构图是以一个直角而非一个平面构成，平面的中间位置提升高度并开始向内倾斜，由此强化那些倾斜最高处的线条，而那些线条也会转而使基督的形象凸显，随着传说的单纯讲述也不会遗失太多内容。甚至带有所有这些特征，平面的倾斜线条或许还是会延续，直至它们在高处相交成顶点。但这会带来许多不愉快的结果，其中最令人不快的是，所有线条倾向于聚拢的注意力中心将不再是基督的头，而是他上方三角墙中的一个高点。我们的眼睛趋向于停留在显眼线条走势所标出的点上，而我们心中的渴望则全神贯注地注视着至高的精神趣味，即基督的脸庞，这两者之间将会产生冲突。于是这幅画除了讲述故事之外还做了许多其他事情：在人群与线条的效果中，构图是如此微妙，以至于我们几乎不会发现与之类似的作品——至少在另外一位艺术家的作品之外不会发现。那位艺术家同样也是一位意大利中部人，他在那片区域的文艺复兴大师中，地位与杜乔在中世纪的大师中地位相当——我当然指的是拉斐尔。

我仅选择一则例子说明杜乔是一位伟大的构图大师是不会令人信服的。他几乎没有一幅绘画不显露出对人群、线条及附属物毫不逊色的精致感受。更多篇幅的需求，以及担忧我的描述会让读者困惑——准确来说那些描述应该由叮当作响的几何学词汇组成——阻止我举出许多更为深入的案例。但让我参考一则我们已经熟悉的例子，即"犹大的背叛"。我们在人群中发现了基督的身影，那越过人群的两丛树木带来了多么紧凑与高贵的感觉啊！如果没有它们，群像将会看上去矮小且沉重。注意此处最为重要的基督的形体，直接站在这些树中的一棵下面，后者占据了整个构图的中间位置。看看这棵树是如何发挥作用的，不仅将所有线条聚焦在基督的头上，而且通过与其持续向上的运动帮助凸显了他的形体。而且士兵们的长矛与火炬——即并非平行的线条——带给这个场景什么样的迷人之美啊！如此轻易获得的效果却如此重要。不仅在此处，而且出现在从庞贝《亚历山大之战》[Battle of Alexander] 到委拉斯贵兹的《枪骑兵》[Lancers] 这些艺术作品的许多构图当中。

如果杜乔在其构想中是如此崇高，感受是如此深切，转化两者的恰当形式又是如此巧妙；如果除了这些作为图解大师的所有优点之外，他还能够以其表面材料的光彩壮丽赢得我们的青睐；如果他像拉斐尔这样罕见的艺术家一般构图，甚至能够让我们意识到空间的存在，那么为何我们还鲜少听说过他？为何他不如乔托闻名？为何他没有名列最伟大画家之中？乔托仅比他年轻一点，两者受众的区别几乎难以察觉。现存乔托的大部分绘画实际上要比杜乔的祭坛画完成得早。是乔托作品中图解部分更好吗？从整体上来看，确实不是如此；它有时明显是较差的，很少拥有杜乔丰富的表现力与精致的阴影感。那么，如果乔托并不是一位比杜乔更伟大的图解者，如果他的图解，作为图解，并不比杜乔的更符合我们当今渴望看到的以视觉形式阐释的主题，并且如果作为阐释它们距我们自身的构想与感受一样远；简而言之，如果他们中的一个作为目前使人入迷的绘画领袖书写者，并不比另一个逊色多少，那么为何其中一个仍是活跃的力量，而另一个则已经衰退至徒有虚名了？一定存在着将它的拥有者带至我们心中的临终圣餐，跨越了时间的消磨——那是乔托拥有而杜乔从未习得的秘密。

这个使生命永恒的神秘品质是什么呢？它是由什么构成的呢？答案也很简单——生命本身。如果艺术家能够巧妙地抓住生命之灵，并将其关在自己的画中，他的作品除非遭遇材料上的意外，将会永生。如果他设法为这个灵魂画上范围，使其跳跃出来与我们血脉中的生命混合并使之增长，那么只要我们仍是文明的物种，他便会把我们囚禁在他的枷锁中。

我已经在别处试图解释什么是这样的"临终圣餐"了，这个品质对于人物艺术是如此必不可少，以至于当它几乎不再产生之时，因为它的缺乏，人物艺术消失了，我必须提醒读者的是，对于这个问题我在《佛罗伦萨画家》的几页中简短地论述过。此处我会仅限于通过它们更微妙的装饰元素——不是单单通过它们材料的吸引力，更不用说通过它们作为图解的魅力——说明艺术必须是提升生命力的。人物艺术借由对形式与运动的处理获得了这种独有的表现生命的品质。相较于使用"触觉值"这一表达，我更愿意使用"形式"一词，由于人物艺术中的形式给我们带来愉悦感，相较于我们能够靠自身理解它们的，它更快且更为完整地提炼并向我们呈现了对象的物质与结构意义——除非我们确实也是伟大的艺术家，或能够像他们那样去看。对一个对象如此详尽地表现只有在我们无意识地将其视网膜印象转译为设想的触觉、压力与理解感受时才会被我们想起——因此使用短语"触觉值"。恰当的素描、精美的塑造与微妙的光影并非是最终产物。它们本身不具有任何价值，说一幅画描绘得精美、光影微妙与素描恰当一点也无法解释其卓越之处。我们看重这些品质是因为艺术家以此成功地表现了触觉值与运动，但假设我们仅仅是因为它们画得好而热爱绘画，就好像我们说我们喜爱一桌晚宴是因为它做得好一样，然而实际上我们喜爱它仅仅是因为它品尝起来好吃。谈及素描、塑形与明暗对比就好像谈及晚宴中的厨艺一样，是画家与烹饪者的工作，但我们有权享受已经为我们烹饪好或画好的东西——以我的话来说，我们要么用欣赏或心理术语谈论它，要么——胡说八道！

　　触觉值与运动便是人物艺术中的本质品质，且没有一件人物绘画是真实的——有着它与所讲述故事相区分的价值，以及它必须展现的理念——除非它传递出设想的触觉与运动感受。如果我用一个非常幼稚的寓言能够被原谅的话，它就像是某个带给我们消息的人。他告诉我们渴望知晓的事情。无论我们听到他的消息是多么的欢欣，也无论如果他仅是一位送信者看起来是多么吸引人，我们所考虑的也仅是它带来的消息而已。但假设他是一个有个性的人，一位绅士，假设他能引起我们的共鸣，那么他带来的消息便只会是一个快乐的意外，开始一段持续一生的友谊。一幅绘画同样如此，在我们穷尽其信息的多年以后，如果它有着触觉值与运动感，我们会比之前更加喜爱它，因为这些品质如一个朋友的吸引力一般，有着直接提升生命力的力量。

　　那么现在回到杜乔身上。他的绘画没有这些优点，且因此几近被人遗忘，与此同时乔托的作品某种程度上如此卓越地拥有这些品质，以至于甚至到了今天相比较所有极少的大师之作，艺术的真正热爱者都会更喜爱它们。对于杜乔而言，人体形象首先是作为戏剧中的人物而有其重要性，然后才是作为构图中的一部分，如果有也只是到最后才会作为激发我们设想中触觉与运动感觉的客体。结果便是我们将其当作是一位误入歧途走

杜乔·迪·博尼塞尼亚,《彼得的否认》,
1308—1311,锡耶纳大教堂艺术博物馆藏

杜乔·迪·博尼塞尼亚,《捕鱼奇迹》,
1308—1311,锡耶纳大教堂艺术博物馆藏

杜乔·迪·博尼塞尼亚,《下十字架》,
1308—1311,锡耶纳大教堂艺术博物馆藏

进绘画王国的图像戏剧家、基督教徒索福克勒斯来深刻地欣赏；我们享受他材料的光彩壮丽，构图的精美，但如果有也是罕见地会觉得他直接表现生命。

一些事例会证明我的观点，我所选择的主题不仅屈从于具体绘画手法，而且还暗示出杜乔部分的处理方式。让我们再次转向已经熟悉的"多马的怀疑"。当我们将其作为图解研究的时候，更为确信的是它吸引了我们的心灵与精神；而将其作为构图欣赏之时，我们发现令人快乐的作用是直接依赖于它所引发的视觉肌肉与精神活动的；但我们在那里停止了。他的人物甚至不具有引发触觉与运动感受的效果，那是事物实体于当下拥有的，而艺术应该比现实更能唤起情感。看那多马，只要你将其视作既定姿态与动作中的纯粹形体，他或许就比你的视觉图像更符合现实，并且你会发现他是令人愉悦的。但是一旦在此形体中寻找某些东西，你就会感到惊讶，因为事实上你不会发现触觉值的完全缺失，但恰好足以使人物如熟悉的形象一般被一笔带过。多马的穿衣方式最适合于使人们意识到他的实体与功能意义，但不幸的是——尽管他或许是杜乔整件作品中塑形最佳的人物——他的长袍之下没有足够的支撑，甚至都无法说服人们相信他是真实的，更不用说刺激人们的心理活动了。至于动作，则几乎没有被暗示出来。他确实看起来是在运动，但衣服之下的双腿就连最细微的存在都没有，而衣褶的设置则是令人钦佩，好像暗示出了应该遍及四肢的动作一般。至于双脚，虽然那足够像是脚部，但几乎没有重量，且确实没有踩在地上。因此，我们没有获得任何设想中的腿和脚上的运动与压力感觉——当我们感受到这样的感觉的时候，它们不仅会使我们相信激发其出现的客体的现实性，而且还不带缺陷与疲乏地给我们带来现实的愉悦感。如果我们看向那同一构图中的基督，我们会发现他完全没有站立，另一个人物仅是形体与姿态便有着拉特兰宫《索福克勒斯》[Sophocles] 的所有特征，这一点几乎一样的差。在再现《彼得的否认》[Denial of Peter] 的嵌板中，我们发现故事是以风俗画的亲切感讲述的，甚至还带有一点幽默感。还是在此处，除了他们的头与手，人物似乎是由薄纸制造而成。没有一处身体暗示出对压力的抵抗，他们都没有重量，坐下时也没有沉下去或者压下去的感觉，尽管艺术家很好地复制了人们坐着与紧绷姿态中纯粹的外观，使其具有温度。在《基督为门徒洗脚》[Washing of the Feet] 中，我们看到一位较年轻的门徒半跪半坐着，双臂向下伸出，脱下便鞋。还是在此处，形体与姿态被很好地复制，它们碰巧是一位伟大艺术家会选择用作处理触觉值与运动感的绝佳机会。但是，哎！我们所获得的仅是如薄纸般的衣服。看那《捕鱼奇迹》

杜乔·迪·博尼塞尼亚，《捕鱼奇迹》，1308—1311，华盛顿国家美术馆藏

杜乔·迪·博尼塞尼亚,《圣母子与圣多米尼克和奥里亚》,1315,英国国家美术馆藏

[*Miraculous Draught*],三个门徒的脸部表情、姿态以及拉起重物人物的姿势都尽善尽美,但使出最大力气门徒的形体单调且空洞,甚至那张网都几乎没有被赋予任何重量,其中的鱼既没有挣扎也没有四处游动——还未意识到它们身陷网中。

呈现一位伟人的失败是徒劳无益的,多说一则例子便足够了。这又是一个说明处理触觉值与运动感的无法超越的机会——"下十字架"。这个主题更为悲剧、更有感觉且更庄严的版本是不存在的,杜乔好像业已将其设置得更进一步。一位年老的门徒脚牢牢地踩在梯子上,一只胳膊挂在十字架的横梁上,另一只胳膊支撑起耶稣的身体,后者毫无生气地向前倾倒在他母亲的怀抱中。与此同时,另外一位门徒跪在地上,拔出基督脚上钉在十字架上的钉子,还有一个门徒则紧抱着他的腰部,防止他向前倾斜得太远。作为纯粹的形体,基督的身体相较于乔托曾画过的任何裸体更为优美,乔托所作人物无力无助的姿势与姿态也无法更好地如此表现——但没有事是真实发生的。没有触觉值,没有事物有下坠的重量，手臂与手也没有真的支撑——所有这些都有非常好的理由，那便是即使杜乔在此处感受到了最低限度的触觉值与运动感，他却如此全神贯注于他无法注意到的面部表情。

此时浮现出一个问题，至少需要略加回答。如果按照我们刚刚观察得出的结论，杜乔或没有触觉值与运动感的感受，或在别处忙于注意它们，那么为何他所选择的姿态与动作似乎暗示出对它们引人入胜的兴趣？当然，对于纯粹的图解、构图与物质吸引力而言——正是在这些特质中我们发现了他的伟大之处——其他人物设置同样可以获得，那么他恰恰更愿意使用的设置，正好是主要趣味在呈现直接传达生命力元素的艺术家会选择的，这又是如何发生的呢？

我想答案是简单的。杜乔并未选择它们，而是发现它们已经是现成的，或许是整个构图，肯定的是单个人物；至少对于我来说，一位可能没有对触觉值与运动的感受且肯定没有塑造它们的兴趣的画家，创作出主题的价值主要在于将其当作是塑形与表现动作的机会。我重复说明一下，杜乔一定发现这些动作是现成的，便使用了它们，不是为了其创造者赋予它们的价值，而是为了作为图解中戏剧因素的纯粹形体与姿态。[1] 于是，对于他而言，形式与运动——在人物艺术中最为本质的两个要素——没有了它们所拥有的真正意义。他像一个业余爱好者一般利用它们，但不理解它们的真实目的为何，并且本书中的杜乔还是伟大的意大利中部画家中的第一位，却令人无法理解的像是最后一位。因为拉斐尔同样没有在触觉值与运动中看到这位艺术家的主要追求，而将其看作是对图解的单纯帮助。

---

[1] 我不是在书写一部艺术史，我不需要在此处探究杜乔作为艺术家的生平与所受教育的问题，但是我应给有求知欲的读者一些解释。杜乔一定受到过某位拜占庭大师的训练，也许是在君士坦丁堡。无论这位大师是谁，身处何地，他都一定深受 9 世纪于拜占庭开始持续到 13 世纪古代艺术非凡复兴的感受的影响。中肯地评判，杜乔是古代伟大艺术家中的最后一位，而乔托与之相比则是现代第一位伟大艺术家。杜乔的主题、类型与姿态仍是古老希腊艺术的体系，创作得潦草并且某种程度上是低质量的。他以连续的线条所作的老人是亚历山大哲学家们最后的后裔；他的天使是胜利女神与神灵的样子，恶魔则是森林之神西勒诺斯的样子。杜乔与乔凡尼·皮萨诺之父尼克洛 [Niccolo] 的对比恰似乔托与乔凡尼的对比，只不过杜乔是更为微妙的古代。

从书写这本书开始，我便在 J.P. 里克特博士 [Dr.J.P.Richter] 表露关于杜乔所受教育的相关观点中发现了相似之处，并感到极大的乐趣，他是我们这个时代唯一一个将对拜占庭艺术的熟稔加入进意大利艺术坚实的知识中的批评家。

四

于是，这便是杜乔。若他较少程度上是这样的，或许对意大利中部的艺术来说更好一些，或许更有天赋的画家会因此有自由发展的空间，又或者乔托的典范会更加引人注意。然而，杜乔不仅训练他的追随者掌握自己艺术必备的构思与方法，而且通过向锡耶纳人这样易激动的人群提供一种吸引感受的艺术，迫使前来追随他的画家们签订了那个有害的流行条款，即富有表现力的图解。

可以想象的是，如果西蒙·马提尼不是以杜乔那么强势的画家为师，乔凡尼·皮萨诺的典范——也许除了在所有意大利艺术中最具决定性影响的多纳泰罗之外——以及乔托的典范将会在艺术创作中唤醒他对现实问题的观念。我们或许会在他身上看到另外一位画家，有着乔托对触觉值与物质意义的感受，但却会揭示完全不同的理念，传达完全不同的信息。

但是西蒙身后的艺术，作为图解是如此完美地令他本人与其同乡满意，作为装饰又是如此合适，尽管它距离完美相去甚远，但超越它们并从头开始仍会耗费巨大的天赋——如果说这个中世纪小镇随后的状态允许它们出现的话。只要它们存在，就不会背离杜乔的类型，个体的气质只有通过雕刻脱胎于此的铸件才能表现自己。

在展现了西蒙与其师激烈竞争的作品中，我们清楚地看到了杜乔的范例对他的束缚，这些作品也因此不是以更具戏剧性且更激昂的福音书为主题——这些主题是杜乔极为擅长的——我们进而可以发现西蒙独特的伟大之处。在此领域中，杜乔已将表现提升至最高极限。在这方面有所减少是最令人难以接受的，不愿复制其作的画家的唯一选择便是越过艺术表达的最大限度，进入纯粹图解外部的荒芜之地中。在"耶稣受难记"的场景中，西蒙甚至在触觉值、运动与魅力方面都远超杜乔，但在戏剧处理方面远远落于下风，他牺牲了传达世界悲剧的真实意义时必要的克制与严肃，换成了轻率情绪的平淡描绘。

甚至当西蒙不受杜乔的影响时，他也不是一位对几乎有着神圣意义的庄严动作有感受的艺术家。更吸引他的是生活的魅力、美，甚至是骄傲。对于他而言，绘画起初也不是展现触觉值与运动的恰当时机，同样也很少有机会表现他对道德及精神意义的感受。西蒙使所有事物服从于——且他足够伟大到可以使很多事物顺从于——他对宏伟、美及优雅的感受。

西蒙·马提尼,《被圣徒与天使环绕的圣母子》, 1315, 锡耶纳市政厅藏

　　在锡耶纳的市政厅中, 我们看到了他全部的光彩壮丽。一边, 天国的女王坐在最高贵的圣人、最可爱的处女与最甜美的天使中间, 光芒四射, 十分美丽。他们在她的头上撑起一顶比皇家用的斗篷还华丽的华盖, 崇拜地跪倒在她脚下, 献上花朵。这个美景与奥维多大教堂正立面一样华丽与繁复, 但在此处对美丽的容貌、吸引人的姿势及漂亮的色彩的感受之光完全融进了所有事物当中。在对面的墙上, 你可以看到中世纪骄傲生命的化身。那是奎多瑞琪奥·达·福利亚诺 [Guidoriccio da Fogliano] 骑马穿越大陆。马匹与骑手都饰有悠久血脉的骄傲纹章。奎多瑞琪奥对战马的掌控是多么彻底, 他又是多么牢固地抓着指挥棒, 他面对这个世界时又是多么的平和!

　　在西蒙非凡的《受祝福的阿戈斯蒂诺·诺韦洛》[The Blessed Agostino Novello] 中,

西蒙·马提尼，《奎多瑞琪奥·达·福利亚诺像》，1330，锡耶纳市政厅藏

线条是多么优美，运动又是多么不同寻常的优雅啊！我们在阿西西的一幅精致壁画中看到青年圣马丁接受其骑士身份，其中的感觉又是多么令人神往！皇帝为那位白皙的年轻人佩上剑，一位骑士为他系上了马刺，与此同时许多快乐的侍从在一旁观看并聆听着吟游诗人们的弦笛声。一位侍从有着最为精致的美丽侧脸，这样的面容——不仅如此，还更为精致且神秘——在西蒙的绘画中非常常见。在这个阿西西的小教堂中，你所见到的美的类型是如此奇异与犀利，以至于完全不能使我们想起最喜爱的古典或现代理念，它们将我们的思绪吹拂到了日本艺妓与埃及皇后那里。

　　西蒙为了传达他对美、优雅及宏伟的感受，他对方法的掌控足够多。他是前无古人后无来者的色彩大师，线条感卓越非凡，至少曾一度达到完美之境，无法被超越。他对装饰效果的了解有如音乐家对乐器的了解。我们在哪儿能看到比他阿西西壁画中单个

西蒙·马提尼,《圣母领报》,
1333,乌菲齐美术馆藏

西蒙·马提尼,《圣马丁受封
骑士》,1320—1325,圣马丁
礼拜堂,阿西西圣弗朗西斯科
下层教堂藏

人物更像交响乐的色彩呢！有什么线条作品能比得过他《罗伯特王加冕》[*Coronation of King Robert*] 中奇迹般的轮廓线呢！乌菲齐美术馆《圣母领报》 [*Annunciation*] 的美是多么微妙，画中的运动是多么优雅，那橄榄枝又是多么甜美！当你们看向天使的斗篷，就好像看到大风雪中的微弱阳光一般。西蒙是文艺复兴之前所有意大利艺术家中最讨人喜欢的。

五

锡耶纳艺术趋向于纯粹图解的本土倾向在杜乔那里被意义观念和构图中所有的微妙感束之高阁。西蒙对美的热爱和在辉煌色彩与流畅线条中获得的快乐阻碍了他。这样的抑制并未在洛伦泽蒂兄弟 [the brothers Lorenzetti] 身上起作用。他们极具天赋，但无心展现。他们以激情感受到的美，被乔凡尼·皮萨诺与乔托充分揭示的形式，甚至他们凭此而容光焕发的人文内涵观念，都或早或晚地被他们牺牲掉了，或换成对事物的纯粹再现，或在徒劳地竭力描绘模糊又无限的意义。

安布乔罗 [Ambrogio] 在锡耶纳所作的可移动的祭坛画中，圣母如埃及僧侣般打扮，坐在王位之上，身处处女中间，如火焰般热情洋溢，而古代圣人全都向她表示思慕，我们在其中便能看到洛伦泽蒂兄弟在秉持最崇高的尊贵与庄严时还能给人物带来的魅力。同样在锡耶纳的收藏中，你可以看到安布乔罗所作《圣母领报》 [*Annunciation*]，其中受祝福的圣母身体前倾，接受天使加百列给她带来消息的殉教棕榈枝，热情愉快，使人如沐春风。彼得罗 [Pietro] 在阿西西所作壁画中，湿壁画与瓷釉看上去有如人工制作的象牙与黄金一般，而非绘制上去，其中圣母忍住了令人心碎的眼泪，目不转睛地看着她的孩子，尽管后者还是一个婴儿，却认真地在对她说话，而她仍保持冷静。没有比安布乔罗的圣凯瑟琳更具深刻的美丽，也没有比他的弗朗西斯与伯纳德有着更令人信服的诚挚与智慧。而最为珍贵的佛罗伦萨学院嵌板中，迈拉的尼古拉斯站在被岩石包围的海边，直面沉没的太阳，又有什么比这更为神奇！

像安布乔罗与彼得罗·洛伦泽蒂这样的艺术家，如果不是他们极力拒绝的话，可能永远都是这样子。但是彼得罗在阿西西的耶稣受难场景中沉溺于荒谬的念头当中，他将杜乔的主题演绎至迷狂之感的顶峰。形式、运动、构图——甚至是景深与意义——都被

安布乔罗·洛伦泽蒂，《圣母领报》，1344，锡耶纳国家美术馆藏

他牺牲了，以换取最明显与从容的情绪表现。这样的混乱很少再度降临到一位意大利大师头上，甚至连博洛尼亚画派的艺术家都不会这样。想要发现与它类似的作品，你必须去看西班牙或某些德国的大师之作。至于安布乔罗，两兄弟中更具天赋的一位，他的堕落几乎没有更少。在他最差的时候，几乎无法胜过老勃鲁盖尔 [Pieter Bruegel]。他似乎渴望复制看到的所有事物。在不得不绘制象征好政府与坏政府的壁画时，他没有试图提取这些概念中的本质元素，也没有用传达给我们所必需的形式包装它们。而乔托则以两

安布乔罗·洛伦泽蒂,《庄严圣母》,约1335年,马萨马里蒂马宗教艺术博物馆藏

彼得罗·洛伦泽蒂,《圣母与圣方济各、福音书圣约翰》(细节),1320,阿西西圣弗朗西斯科下层教堂藏

三个人物便能让我们不仅以自己的智慧理解什么是好或坏的政府，而且用我们的身体认识它们。安布乔罗·洛伦泽蒂所能想到的不过是广阔的全景，被那些无力为自己说话的人物所遮蔽，还必须向我们展示各种符号与卷轴。一出出事件——其中一些单独来看是吸引人的——以无情的细节描绘了城镇在被好政府或坏政府统治时发生的事情。你们一出接着一出地看这些事件，便会获得 14 世纪锡耶纳生活方式的许多信息，确实有大量的乐趣来自这些离奇有趣的事物，甚至将其全部完成的技艺也会带来乐趣。但伴随着对思想与感受的生动理解而跃升的生命，没有一个要比我们自己感受到的更宽广与深邃。甚至在尝试了含糊寓意之时，这一点无法弥补。如果刚刚描述的壁画仅仅是绘制出的谜语，那么洛伦泽蒂兄弟的某些构图就不比画谜好多少。与艺术意图的背离，必然导致艺术价值的下降。首先完全消失的便是构图，然后便是从未太过强烈的触觉值与运动感，最终甚至美感也会将其鄙弃。

但是在一个几乎与两个世纪后的德国一样动乱且令人神往的意大利时代，洛伦泽蒂兄弟的作品，混乱地表达出对粗俗的渴求，有着点燃书籍空白页版画的效果，它们如此强烈地震动了后世——他们的艺术确实与后者有着相同之处。他们寻找到了合适的载体，偶尔煽起了天赋的火焰，使其实际超越了他们本身的才能。

这同样也是比萨公墓那位画家的天赋，他留下著名的《死亡的胜利》[*Triumph of Death*] 作为其活跃过的伟大痕迹，作为纯粹的图解，这件作品是到目前为止中世纪意大利最伟大的成就。他天生具有比洛伦泽蒂兄弟更多的对绘画本质问题的感受，但在道德与哲学目标上紧跟他们的步伐。他的形式感与对运动的掌控，在任何时期都不同寻常；他拥有的塑形想象力，以及赋予梦幻以真实容貌与生命的能力，甚至更为罕见。他的恶魔与哥布林——在这里与再现的乌合之众是如此不同——不是软弱和可笑的古怪，而是活生生的，且被赋予了来之不易的真正怪诞之美。他的《死亡的胜利》即便没有蝙蝠的翅膀与大镰刀，也会看上去令人恐怖的。

创作这些壁画的不知名画家，如我们这个时代的莫泊桑、易卜生与托尔斯泰，为了呈现其中纯粹欢乐的明显对比，或者引人入胜地教授昨日新鲜、明日冗长且陈腐的格言，牺牲了所有这些才能。除其艺术品质之外，《死亡的胜利》是由两个对比构成的。在树荫的阴凉处，相互为伴的快乐骑士与女士们正以音乐与爱情慰藉他们的时光。以最为现代的语言来描绘这样的场景并不困难，但是希望保留其魅力且一定要有文本的读者应该

安布乔罗·洛伦泽蒂,《好政府寓言》,1338—1340,锡耶纳市政厅藏

安布乔罗·洛伦泽蒂,《好政府治理下的城市》,1338—1340,锡耶纳市政厅藏

《死亡的胜利》,1335—1340,比萨公墓藏

去阅读薄伽丘的《十日谈》。在树荫外面，有害的怪兽正在肆虐，崩溃的麻风病人将他们的手徒劳地伸向死亡，而死亡则却不留意他们的悲痛，俯冲向快乐的树荫中。此处的对比已经足够充分。《戴丽叶春楼》中的对比确实也不过如此。但对于艺术家而言这似乎还不够，他甚至以更清楚的语汇重复了这个故事，生命的骄傲与快乐，骑士与女士，一场欢乐的狩猎派对正呼吸着清晨的空气。突然，他们的马开始退缩，狗龇牙低吼，他们的双手捂住了鼻子。他们碰到了国王与教士们腐烂的尸体。这一次的对比一定够了。但是不！我们的画家并不相信我们拥有足够多的智慧，一位指手画脚的隐士展示了一条写有文字的卷轴。随后我们便知晓了这件壁画作品满是卷轴上的文本。这是什么样的艺术家，他一定对他的受众有什么看法！

六

随着洛伦泽蒂兄弟的离世，锡耶纳画派陷入衰落，再也没有人认真地重整旗鼓。锡耶纳画派曾拥有充满希望的时刻，也曾有过狂热之美的时光，但它再也没有接收到那种力量的补给，没有这种力量的艺术注定衰落。巴尔纳[Barna]、巴尔托洛·迪·弗雷迪[Bartolo di Fredi]与塔代奥·迪·巴尔托洛[Taddeo di Bartolo]偶尔抓住西蒙·马提尼与洛伦泽蒂兄弟恢宏气势的一抹微光，而多梅尼科·迪·巴尔托洛[Domenico di Bartolo]则笨拙地尝试将新鲜血液带入画派之中，为其补充燃料而引入的形体与姿态，正是刚被伟大的佛罗伦萨人从混乱中拯救出来并永久固定下来的。但由于他完全没有感受到这新形式与新姿态（用作处理触觉值或运动）的真正意义，他在手艺上与城镇中的追随者们的趣味，相较于被误解的自然主义式的英雄讽刺作品，更喜欢它们长时间被奉为神圣的传统中薄弱但优美的外形。一度引人注目的萨诺·迪·彼得罗[Sano di Pietro]的生活与画作，有如佛罗伦萨不是远在四十英里而是四千万英里之外，有如马萨乔与多纳泰罗、乌切洛与卡斯塔尼奥还未放弃未诞生婴儿的不定状态一般。他以许多华丽、具有装饰美的作品使我们变得更加富有，还有那想象出来的光彩壮丽的场景——尚蒂伊的《圣洁的圣弗朗西斯的婚礼》[*Marriage of the Seraphic St.Francis*]。

但这样的新视觉想象以及对美的新感觉，在暗中神秘地找到了进入锡耶纳的方法，尽管它必须渗透进那些令人皱眉的高墙之中。对线条、辉煌的外观及初具装饰性

多梅尼科·迪·巴尔托洛，《圣母子》，1410，塔尔萨菲尔布鲁克博物馆藏

效果的旧感受与新理念融合了起来。观念如此新颖的画家有韦基耶塔 [Vecchietta]、弗朗西斯科·迪·乔尔乔 [Francesco di Giorgio] 与本韦努托·迪·乔凡尼 [Benvenuto di Giovanni]，还有比这些人更为优秀的两位文艺复兴时期锡耶纳最伟大的大师马泰奥·迪·乔凡尼 [Matteo di Giovanni] 与内罗乔·迪·兰迪 [Neroccio di Landi]。如果马泰奥拥有形式的必要知识，他对运动的感受将会引导他到达真正的艺术之中，正因为缺少了这一点，他成了较差的克里韦利 [Crivelli]，带给我们在镀金马革或老旧黄铜上切割出坚实线条的效果。至于内罗乔——为何他是再一次复生的西蒙？西蒙歌唱般的线条、对美的精致感受、魅力与优雅——几乎不会在内罗乔的嵌板画中遗失这些品质，并且获得了对我们大多数人来说更重要的东西，更接近于我们自身的理念与情感，更为快速地暗示新鲜与快乐。

那时已经是 15 世纪末 16 世纪初，甚至锡耶纳人也不再满意于还在他们中的极少数画家了。外面的大师被召唤而来，来自翁布里亚的西尼奥雷利、平图里乔 [Pintoricchio] 与佩鲁基诺 [Perugino]，来自佛罗伦萨的弗拉·保利诺 [Fra Paolino]，来自伦巴第的索多玛 [Sodoma]，由于城中没有足够抵御的力量，所有这些混杂在一起的影响力产生了一个最为奇特且吸引人的折中主义——由于锡耶纳人对优雅和美感的感受，甚至到了最后都很少缺席，因此，这种运动不受通常的自命不凡和愚蠢的控制。

七

锡耶纳画派未能名列伟大艺术流派之列，是因为它的画家从未以其所需的热忱将自己奉献给形式与运动。他们更愿意赋予他们的梦幻以实体，记录下他们脑海中充盈的视觉图像。但是其中明确具有艺术性元素的极少，它们既不是图解，也非根本上有装饰性的，却在任何时期都受到重视，人们更不需要由往昔已经褪色的理念和已消失的憧憬所唤起的视觉图像。自文艺复兴全面爆发以来，视觉化的方式发生了巨大的变化，以至于对我们大多数人来说，14 世纪画家的形式只不过是怪诞而已。它们中没有什么目标让我们称颂，因为我们自己都在努力摸索着从形体转向熟悉的外形。就我们个人而言，它们仍停留在奇物的领域当中，并且它们从未如最近一个时代的图解般，通过更为快速知觉过程的刺激来提升生命感。因为显而易见的谬误是如此的根深蒂固，以至于艺术成了一种实

马泰奥·迪·乔凡尼,《圣母子和天使》,1470,波恩科维恩多阿尔比亚山谷神圣艺术博物馆藏

内罗乔·迪·兰迪,《圣母子与圣约翰、圣凯瑟琳》,1476 或 1478,诺顿西蒙博物馆藏

际或理想化现实的纯粹复制，除非我们认识到一幅画中这样的现实，不然我们中的大部分人将不会看得更远。

此处不该详细地论述视觉图像与其反映物之间的联系——然而，这个问题我相信某一天会被心理学家细致研究的。无论它们的关系在一个艺术不存在的世界中会是什么样子，在文明人当中，这样的关系一定取决于其周围的艺术作品。因为自然便是混乱的，不加选择地强求关注。甚至在它最不混乱的状态下，它更像是一种博斯 [Bosch] 画的怪异且混乱梦幻的《圣安东尼的诱惑》[Temptation of St. Antony]，而不像我已经描述过的杜乔的构图，或我们之后将会看到的拉斐尔的其他作品。为了将我们从这般宇宙级塔朗泰拉舞曲蔓延开的疯狂中解救出来，本能与智慧已为我们提供强力的麻木与不为所动的忽视习惯，多亏了它们，我们才能昂首阔步穿过打开通道的寰宇，四面八方地防卫着，而这样的本能与智慧要比蚂蚁更大，比蜜蜂更聪明。我们应该成为如此出众的残酷野兽，不多不少仅是因为那艺术的伊甸园，而科学便是那棵缠绕着蛇的树。艺术是切断了混乱的花园，其中不仅供有如我们生理需求与环境间的野兽一般的和谐，而且还有宇宙对我们整个知觉状态的完美调音。仅归结于一点即是《创世记》的不知名作者应负责任。他对艺术的奉献如批评习惯般太过狭隘，他将知识之树看作是一件事后之物，然而可以肯定的是知识一定先于伊甸园存在，因为事实的积累与关于它们推论（其形式无论是多么的无意识）的存在一定先于使其与人类精神需求相和谐的每一次努力。伊甸园确实是知识之树的祖先创造的，而艺术仅是知识之树上的花朵。《创世记》作者狭隘的唯美主义使人们误解与诽谤蛇，正是因为它照料树的果实，而后者转而会产出生长于其他伊甸园中的树，因为蛇即永远处于工作中精神能量的象征。

但坦率地说——世界上最难的事情便是以自己的眼睛清楚且纯真地去看。因为一个客体所呈现出的外观几乎是无数的，我们所见的外貌从不是完美表现客体本身的形式；因为我们的迟钝与疏忽，事物几乎不会为我们带来如此确定与清晰的特征与轮廓，让我们能够随心所欲地回忆起它们，但艺术已为其提供定型的外貌。自己学习去看这件事是如此不可改变的一项任务，以至于除了极少数的天才之人——天生会观察——所有人都必须被教授如何去看。只有当一个人成为一位艺术家的时候，他才会接受系统性的组织学习。但注意它是如何完成的——或至少直到几天前它曾是如何完成的。他简单复制其老师或其他艺术家的素描已成为定势。于是古代作品放在他面前，他就不得不去复制它们。到这个时候，他的想象习惯正要变得固定，除非他被赋予不同寻常的力量以反抗教学，那么他的余生在客体中看到的，都只会有置于其眼前的素描与古代作品中业已为其指出的那些外观与形式了。结果，画家广泛使用照相机，甚至当他们复制他人作品时也是这样，由此可以推断，观看仍是那么困难！

至于我们中剩下的那部分人，他们并不是专业的艺术家，他们完全没有受过观看形式的系统性训练，尽管他们或许因为自然天赋或科学教育有能力观察细节。我们从有图解的期刊与书籍中轻易学习到的东西几乎无法从雕像或图片中学到。除非我们耗费多年时间研究所有艺术流派业已教会我们的，并且同时以自己的眼睛去看，否则我们很快便会养成一种习惯，即将所有所见之物塑造成从熟知艺术中借来的形式。我们有艺术现实的标准。让任何人给我们带来与我们陈腐形式与色彩的琐碎储备无法立刻匹配的外貌与颜色吧，我们对他未能复制自己所知晓事物确切为什么样子而摇头，或者会指责他的不诚实。当几年之后，印象派的外光画法兴起之时，质疑它是否美丽的声音是多么寂静与弱小，而否定其真实性的声音又是多么洪亮与义愤！

这将我重新带回到主题之上。如果现在的画家没有恰如我们当时那样视觉化客体，我们便已足够失望，那么我们觉得那些视觉化方式完全区别于自己的人的艺术必然是多么的不同啊！对于我们中的许多人而言，正是因为这个原因，中国与日本艺术便完全不是艺术了。但对于那些未经过鉴赏训练的人而言，中世纪的图解依旧是不同的艺术，或者更为准确地说，那是所有人最关注艺术的一部分。因为在那之后，我们视觉化形式的方式已经改变了一千种。

是什么带来了这样的变化？首先，蛇——那无休止的能量从未允许人们长时间停留在任何伊甸园，即科学精神的觉醒之中。其次，事实上，由于一次幸运的偶然，许多如此觉醒的能量，如果不是大部分的话，首先转向艺术而不是科学。其结果便是自然主义，我业已在别处定义了这一点，即科学将艺术作为其研究的客体，或作为其表现的媒介。现在科学正如它在 15 世纪初认真所做的那样，自我奉献给了事物外形的研究，不用很长时间便发现了客观现实并非是在艺术的另一边后才被实现的。而且，幸亏那个时刻存在着这样一个人，他既天生具有反抗传统的魄力，也有着去看的力量——我相信这种力量是前无古人后无来者的——由于这个人，多纳泰罗，艺术在瞬间的阵痛里从其最接近的过去中自我解放，将它整个中世纪的图像储备扔进风中，怀揣着激情与热忱转向事物的重现，就像研究发现它们所为何物那样。几乎没有留存有任何理想化的痕迹。每个人都有他自己的外观，因此任何人都和他人一样是可以重现的。为什么不呢？在造型艺术中是由纯粹的自然主义导致的这个混乱，或者说至多是华尔特—惠特曼主义，被阻止了，它的力量传导至营养通道之中，随后被另外的某种趋势与刺激愉快地传播开来。

多纳泰罗本人远非是一位自然主义者，他怀揣心愿渴望传达运动，表现动作。他因此趋向于从无数自我呈现的外观中选择出最能清楚表现机敏与灵活力量的。这样的趋势臻于极致，便会终结于一种更像是日本的而非现代欧洲的艺术。我们未被引导至此处主要是因为马萨乔，他所控制的本能在于触觉值。多纳泰罗只选择能够最容易被创作出来刺激设想中触觉感官的外观——因此其人物形象都是高大、宽肩，蕴藏着力量与抵抗力的。在如此太具纪念碑性的艺术中无论有什么样的危险，它转而都会被多纳泰罗的运动感抵消。由此产生的人物形象标准，如果还留有多纳泰罗与马萨乔的构图，则将不会离中世纪的标准更近，也不会太过远离我们的标准。但在最后一刻，另外两种影响的进入使标准确定，并使其至今都没有改变。古代作为 15 世纪文化阶层的梦想、希望与魅力，已留下其艺术的一些分散碎片。尽管这些都是粗略的复制，许多都远离其原作，但——它们在人们最后诉诸的创作之中，而这些人对触觉值、运动以及两者联系的感受几乎是无与伦比的——它们诞下了新艺术显而易见的相似物。而这样的古代相似物并非由一个对另一个的模仿而来，而是从意志与物质相似性的亲属关系而来，赢得了人文主义者——那个时候的文人与全能记者——支持他们同时代人的艺术。并不是说他们理解这场新运动的真实意义——不具有对所有艺术流派广泛欣赏经验的人要如何做到这一点？模仿古代是他们唯一的想法，他们似乎认识到新艺术中这样的模仿，它随即受到他们的完全认可。但这并非没有不幸的结果，因为正如我想要在别处说明的那样，之后强迫较弱的精神略微模仿古代导致了人文主义者的终结。他们的成功仍是伟大的，所传播的信念即文艺复兴艺术自始至终（并非如建筑及各处其他艺术形式的情况）都是模仿古代的产物。

由多纳泰罗与马萨乔创造，受到人文主义者的支持，人物形象的新标准与容貌的全新描绘因人物艺术而被恰当地使用，无法表现其他任何事物，而只能表现力量、男子气概与威严，并向那时候的统治阶级呈现了最有可能在人类力量斗争中取得胜利的人类类型。除此之外，已无须更多来确认新的观看与描绘方式对旧有的胜利。正如有效性的理想自 15 世纪以来都未曾改变，文艺复兴艺术所呈现出的类型不顾风格与情感的瞬息改变，仍代表着我们的选择，也将会继续代表下去，至少只要欧洲文明保持着自文艺复兴以来它便拥有的本质上的希腊化特征，便会一直如此。

受艺术家、人文主义者与统治阶级影响的视觉化方式不得不变得普遍起来。谁拥有力量来突破想象的新标准，跳脱于事物的混乱之外，去选择比天才之人所确定的现实表现更为清楚的外形呢？没有人拥有这样的力量。人们必然会以那种方法去看事物，而别无他法，只看到外形所描绘的，只热爱理念所呈现的。这还不是全部。由于所有力量中那些微妙且最无法抵抗的一部分，人们很快便以实际上相类似的新理念，或无论如何认真努力对它们的模仿终结了无意识的模仿习惯。结果便是对多纳泰罗与马萨乔最先展现的类型的持续五个世纪的模仿之后，我们已经前所未有地更像那种类型了。因为自然模仿艺术的陈腐声明也仅仅是令人好奇的真理罢了。艺术不仅教授我们看什么，而且还教会我们成为什么。

八

锡耶纳艺术不遗余力地展现中世纪的理念与感受，其强度与美甚至没有被精神上的同族所超越，法国北部的那些雕塑家在我们更虚弱的时刻几乎要把我们从希腊那里吸引走。意大利中部的另外一个画派留存了下来，继续度过文艺复兴时期，这就是翁布里亚画派，这个画派的意图与目标在本质上与锡耶纳画派毫无区别，只是在实际结果上似乎有所不同。对于翁布里亚艺术而言，正如我们可以看到的，它作为一个整体曾经与锡耶纳艺术一样对触觉值与运动无动于衷，依旧致力于图解理念，表现那时的伤感愿望。

但在我们转向翁布里亚画派之前，我们必须首先注意到一位大师及其两位徒弟，他们既非锡耶纳人，也不是翁布里亚人，他们是托斯卡的南部和罗马尼亚的居民，作为天才完全比任何翁布里亚人都伟大，作为艺术家则更为自由且更有力量，如果常常不是如此令人喜爱的话——我指的是皮耶罗·德拉·弗朗切斯卡 [Piero della Francesca]、卢卡·西尼奥雷利与梅洛佐·达·弗利 [Melozzo da Forlì]。

首先是皮耶罗。他在性格刻画上是多梅尼科·韦内齐亚诺的学生，透视法方面则是保罗·乌切洛的学生，他本人也是热衷于这门科学的学生，作为一名艺术家他要比两位老师都更具天赋。他在触觉值的感受方面几乎不弱于乔托与马萨乔，在传达力量价值时，

皮耶罗·德拉·弗朗切斯卡,《米尔维安桥之战》,1452—1466,阿雷佐圣弗朗西斯大教堂藏

可与多纳泰罗匹敌。他或许是第一位使用光效来直接滋补，或抑制，或平缓作品品质的艺术家，而且最后，他被评定为一位图解艺术家。或许有人要问，是否有另外一位画家曾经展现过一个更为完整且令人信服的世界，曾经拥有过更为庄严的理念，或曾经赋予事物更为英勇的意义。

遗憾的是，皮耶罗不常利用其最高天赋。你们偶尔感觉他被科学妨碍了，尽管他从未如乌切洛那样使人想起测量员与地质学家而非画家。现在，这些总是在寻找自己喜欢的美之类型的人会时不时地从皮耶罗画的某些男女身上受到震撼。其他人则会发现他太过客观，太过冷漠。

客观——皮耶罗正是凭借这个品质让我们入迷，这是他最与众不同的优点——他只与另外两位艺术家分享了这一点：一位不知名的艺术家雕刻了帕特农神庙的山形墙；另一位是委拉斯贵兹，他作画从未流露过情感。

"艺术的客观性"——对这个短语我们还未熟悉到能不加评论就一笔带过。我意指两个不同的事物，一个是方式，另一个是品质。作为一种方式，客观受到所有伟大艺术家以及极少数曾经存在过的不错的批评家的理解。他们所欣赏的是在艺术与生活里我们中没有将整个现象宇宙（或者至少是所有曾与我们相关的宇宙）消减成一系列纯粹象征物的极少数人，身体与精神习惯并没有如此过分地奴役我们中的那些人，相反我们保留了某些感知的自由——他们已经理解这样的人以不同的方式对不同的客体作出反应，无论其中区分有多么微小。如果某个生活中的情境、风景中的某个视角给艺术家展现了一个印象，那么他必须做什么来使我们如其感受般感受到它？有一件事他一定不能做，即复制他自己的感受。那或许是有趣的，也或许不是，或许是具有艺术性的，或许不是：但它一定不可能做的事——它无法在我们身上产生生活中原始情境或风景中原始视角的效果。因为感受不是原始现象本身，退一步说，那是由艺术家特征折射而来的现象。这样的个人感受则是另外一个事物，必定会产生另外一种效果。艺术家因此会仔细避免复制他本人的感受。他会让自己失去知觉，将原始现象消减到本质意义的事实与力量层面，再复制这些事物，进而真正地使我们转而如他反应般地对它们作出反应，如他感受般地感受。

皮耶罗·德拉·弗朗切斯卡从这个意义上来说是客观的，这业已受到一致认同，那么他不是一名伟大的艺术家吗？然而，他不仅如所有伟大的艺术家一样在方式上是客观

皮耶罗·德拉·弗朗切斯卡，《基督受洗》，15 世纪 50 年代，英国国家美术馆藏

皮耶罗·德拉·弗朗切斯卡,《鞭笞基督》,1455,乌比诺马科国家美术馆藏

的,而且他还是被人们普遍称作为冷漠的,换言之是无感情的,而在他的构想中同样如此。他喜爱的客观性作为事物的特征不表达情感。他因为艺术上的理由而选择最具男子气概的类型,且或许因为相似的原因,而选择又碰巧是最为严肃且高贵的风景画。他根据每个主题所需将其组合并重组,使美妙的人物、重大的情节、险峻的风景这些元素——也仅是这些元素——能够如它们在所有特殊的情绪被忽视之时所必须做的那样,在我们身上发挥出最大的力量。他从未询问演员的感受。他们的情绪不是他所要考虑的。而他的作品中没有一幅比《鞭笞基督》[*Flagellation*] 更令人印象深刻的了,尽管你不会在任何剧中人的脸上发现反映此情景的表情。而且,就好像是为了使这个场景具有更为严格的客观性,皮耶罗向这个奇迹般的图画中引入了三个威严的身影,他们就站在前景当中,如那经久不变的岩石般无关紧要。所以在他的壁画《基督复活》[*Resurrection*] 中,皮耶罗甚至都没有想过问问自己基督是什么类型的人。他选择了最具男子气概且最为强壮的类型,在清晨苍白如水的光线中透过蔓延开的柏树与悬铃树,你可以看到从坟墓中升起

皮耶罗·德拉·弗朗切斯卡,《基督复活》,1463—1465,阿雷佐圣塞波尔克罗城市画廊藏

的那个人物形象。你所感受到那个时刻的庄严与意义,或许在这个主题的其他版本中都不会出现。如果你是一个对艺术敏感的人,就会疑惑基督是否看起来恰如其分地像是基督,或者他脸上是否有合适的表情之前,感受到所有这些。

如皮耶罗(或者委拉斯贵兹)般客观、无情感的艺术的魔力不可否认是强大的,但为何如此——其魅力、其强有力的吸引力是由什么组成的呢?我认为它是许多事物的混合物。首先,没有专门表现感受的地方——如此吸引我们脆弱的肉体——留给我们更多空间接收触觉值、运动与明暗对比的纯艺术印象。我发现面部表情是如此的多余,并且确实有时是令人困扰的,以至于如果一件大型雕塑碰巧没有头部,我很少会错过它。因为形式与动作如果都是合适的,那便足够有表现力使我在它们所暗示的意义上完成这个人物形象。然而常常会有一种可能性,甚至在最好的大师作品中,即头部太过具有表现力——其方向或因形式与动作而未成为必需,或直接与其相矛盾。

但还有另外一个说明艺术中无情感效果不那么具有艺术性但更为普遍的原因。我们喜爱那些对事物反应的程度与标准与我们如出一辙的存在,这般情感的热烈同样出现在消耗感情时的其他情绪当中，我们同样热切地喜爱着其他某些存在或客体，尽管我们赋予它们一种杰出且与我们类似的气质，但它们对令我们几近难以忍受的事物完全没有反应。我们认为它们如我们一样敏感是理所应当的，并且理解或许在我们不知所措之处它们会是完全不为所动的，我们认为它们是英雄般的冷静与威严。正如我们中大部分人成为所欣赏的事物，我们同样在太过短暂的时刻里成为过英雄。当夸张没有使其成为拜伦式的时候，这样的情感变成了如华兹华斯般对待风景的态度，如皮耶罗·德拉·弗朗切斯卡般对待人的态度。描绘蔑视暴风雨与生活压力之人的艺术家，与赋予自然人性时欣喜于自然对人类激情与悲伤无限优越性的诗人，他们之间的调和与治愈是不相上下的。

九

皮耶罗有两位追随者，梅洛佐与西尼奥雷利，他们两个都从皮耶罗的遗产开始起步，受到他的气质驱动，并在他本人天赋的引导下，以皮耶罗杰出的方式触碰到了卓越之境。梅洛佐气质更为宏大，西尼奥雷利的头脑则更为微妙与深邃。

梅洛佐采用了他老师英雄般的创造——内心从未有任何情感到访。他吸收了自认为必须足够多的皮耶罗的科学，皮耶罗为此所付出的奋斗是如此之艰辛，以至于他的绘画太过频繁地保留着更多战地的痕迹，而非令人愉悦的场景。这些庄严的类型，以及运动方面极好的知识需要清楚地表现，梅洛佐详细阐述了与皮耶罗相去最远的意图。对于梅洛佐而言，人物从不是无感情的，从不是一种自我终结，但却常常是具体化情感的手段。这些情感是如此无法抵抗，它们对其宏大且强壮形式的掌控又是如此之强，以至于个性，甚至是意识都被抹除干净了，人物成了强烈感受的纯粹化身，并被其赋予生命。带有这些感受的人物将会是具体的象征符号，我们自己只能够远离并保持一定的智性距离来凝视它们。但它们使我们失去了自制力，同样为其所掌控。你或许也会对卡尔夫不感兴趣，她在《卡门》中是一位女巫。由于陷入到那唯一一种感受之中，梅洛佐在圣彼得大教堂宗教壁画残片中的奏乐天使，如其他感受的无意识或者甚至是其本身的无意识一般的客观。这不是仅有其老师才能描绘出的狄奥尼索斯式的迷狂。或许没有绘画会像他著名的《药剂师学徒捣药》[*Apothecary's Apprentice Pounding Herbs*] 一般展现纯粹生活中的快乐、肌肉的运动与肢体的使用。他所作先知（在洛雷托圣殿圣器收藏室中）带有的庄严与魔力般的冷漠似乎只能从在谈及陨落的众神王朝之时的埃斯库罗斯与济慈身上发现。

卢卡·西尼奥雷利没有发出梅洛佐般强烈的光芒，然而他超越了后者的地位。他有着更为优秀且深刻的头脑，他的天赋则攫取了更大的一片天地。他对生命与艺术的价值观也更为微妙且公正。甚至在对事物的诗意感受上，卢卡也不逊色于任何人。此外——更为具体而言——卢卡对触觉值的感受几乎不弱于乔托，并在其中加入了媲美马萨乔或皮耶罗·德拉·弗朗切斯卡的对动作的掌控。诚然，在这个方面他几乎可以与他那门艺术的老师、无与伦比的大师安东尼奥·波拉约洛一比高下。单单拥有这些品质他便已是一位伟大的艺术家，但对于他而言，这些品质意味着一个终结，而这个终结与梅洛佐的有所区别，他是在裸体像中欢乐的终结。

我已在别处 [1] 论述过什么是裸体像，它在人物艺术中的卓越之处又在哪里。我在此处必须克制自己陈述裸体人物是唯一一个可以完美地向我们传达触觉值尤其是运动的对象。因此裸体绘画是最伟大艺术家最重要的事业；成功处理时，最能够传达生命力且提升生命感的主题便诞生了。第一位在其极限范围内领悟这个真谛并以此创作的现代大师是米开朗基罗，但西尼奥雷利不仅是一位先驱，而且几乎可算是一位竞争对手。确实，卢卡只是在对他的裸体像意义更为晦涩的感知及对其的掌控方面略逊一筹。因为他的整个处理方式更枯燥，他对外观纹理及薄纱的感觉也更弱一些，且女性形象在他那里的呈现也仅是犹抱琵琶半遮面而已。西尼奥雷利的裸体像因此并未达到米开朗基罗裸体像的高超之美。但它也有着自己的优点——某种巨大的强壮感与原始能量的征兆。

西尼奥雷利在裸体像的理解方面某种程度上是失败的，原因或许不在于人们常说的"对他而言时候还未到"，而是在于他是一位意大利中部人——这几乎就是在说他是一位图解者。他全神贯注于通过自身的视觉图像来传达理念与感受，而无法将其天才完全奉献给艺术更为本质的问题。米开朗基罗同样是一位图解者——唉！——但是他至少在无法完美结合艺术与图解之处为艺术而牺牲了图解。

但这是对西尼奥雷利过错的和解！即使他的裸体像不完美又何妨；即使——必须坦率地说——他的色彩常常不像它应该的那样是事物之上的迷人魅力，且他的构图偶尔是拥挤且混乱的，但这又何妨？卢卡·西尼奥雷利依然是现代最出色——提醒你一下，我没有说最令人愉快的——的图解者之一。他对世界的想象似乎是朴素的，但他已经是我们的了。他的形式感即我们的形式感，他的图像就是我们的图像。因此他是第一个图解

[1] 指《佛罗伦萨画家》一章。（编者注）

梅洛佐·达·弗利，《奏乐天使》，1480—1484，梵蒂冈博物馆藏

我们自己生活住所的人。将他为但丁所作的设计（在奥维多的天堂与地狱的壁画下方）与波提切利的相比较，你会看到伟大的佛罗伦萨艺术家仍把自己想象成脱胎于中世纪的异乡人，而西尼奥雷利不是因为他的古怪，而是因为他宏大的朴素而使我们疏离，如果真的有疏离的话。

我们必须首先将西尼奥雷利当作一位伟大的图解者，然后才是一位伟大的艺术家来加以欣赏。现在让我们看看他的一些作品——这些作品揭示了他对裸体像与动作的掌控，他情感的深度与优雅，以及他设想的雄伟。我们是如何感受到那复生死者的晕眩困惑、受祝福者的高兴与甜美的欢欣，以及压倒受诅咒者的力量的啊！除了裸体像之外没有什么可以传达这样的感受，它拥有最高程度的力量来使我们感受到属于它而遍布我们全身的紧张感。在奥维多的这些壁画中，《神怒之日》[Dies Irae] 的天空中笼罩着他们一连串的恐惧，与天使们的胜利呐喊相配得多么完整！他在沃尔泰拉的《圣母领报》[Annunciation]——火红的日落天空、圣母神圣的羞怯与加百列令人敬畏的模样——是多么庄严！在科尔托纳的《埋葬基督》[Entombment] 中，你会看到一个大天使支撑着基督，前者刚从那受祝福的领域中飞下，脸上仍带有那里的威严，翅膀上仍沾着那里的露水。看看西尼奥雷利在洛雷托穹顶上的《奏乐天使》。在巫术方面他们几乎是法国哥特式的，

他们聆听着自己演奏的音乐，就好像吸引出他们乐器中最隐秘的灵魂一般。当你心满意足于圭多的《奥罗拉》[Aurora]之时，如果将目光停留在罗斯皮格里奥斯宫相同展馆置于其旁边的圣母身上，就可以看到西尼奥雷利拥有对优雅之美怎样的感受。

　　裸体像因为其本身的缘故，也因为其显著的振作精神价值，而被西尼奥雷利用在了我们遗产中极少数最为迷人的一件艺术作品之中——我指的是他现存于柏林的《潘》[Pan]。长着羊脚的潘神外貌中有着威严的自然情念，坐在日落寂静的庄严之中，温柔的新月为其发髻加冕。原始的宏伟裸体像站在他的四周，而年轻的奥林波斯正吹奏着长笛，另外一位年轻人则躺在他脚下，吹奏着牧笛。他们正进行着严肃的对话，主题则是"大地的诗意永远不朽"。日落为其蒙上了大地的露水，他们则低语着母神的秘密。

　　现在，让我们一瞥卢卡在运动方面的一两次成功。它们主要出现在他的祭坛画中，完成于他的暮年，在那儿，他自由的笔触使人偶尔想起杜米埃[Daumier]，让人群在运动中连在一起，像护身铠甲般起伏荡漾。也许这方面最好的一件作品便是位于台伯河岸的一个小村庄翁贝蒂德中的一件青铜祭坛画。但触手可及的一件作品在乌菲齐美术馆中，是他早些年绘制的一件《圣母领报》[Annunciation]，画中的天使奔跑得如此之快，以至于吸进了在他身前的空气。

卢卡·西尼奥雷利,《埋葬基督》,
1502,科尔托纳教区博物馆藏

卢卡·西尼奥雷利,《潘》,1490,
原藏于博德博物馆,于1945年5
月毁于大火

卢卡·西尼奥雷利,《但丁与维吉尔进入炼狱》,1499—1502,奥维多大教堂藏

卢卡·西尼奥雷利,《圣母领报》,15世纪晚期,沃尔泰拉市博物馆和艺术馆藏

✝

在其他意大利中部画家之中,皮耶罗·德拉·弗朗切斯卡、梅洛佐与西尼奥雷利作为显而易见的例外,不同寻常地具有触觉值感受与运动感,以及所有借由这些方式作为优势而产生的艺术的东西,进而成为杰出艺术家。我们是不会在意大利中部第三个画派——翁布里亚画派——的大师中发现这样的人的。

翁布里亚绘画在我们首次遇见之时仅是锡耶纳艺术的地方性分支,以胆怯的小步紧随着锡耶纳艺术的大步前行。它产生了一片沼泽地,如同奥塔维亚诺·内利 [Ottaviano Nelli] 在福利尼奥的壁画,留下的作品中所具有的衰老愚钝是锡耶纳在最为麻痹的时刻都不可能展现出的。但翁布里亚尽管继承了锡耶纳的抱负、理念与方法,却并不如那骄傲的城市一般对外来影响紧闭大门。与佛罗伦萨的交流,无论是直接还是间接的,不仅给翁布里亚画派带来了追求其辉煌事业顶峰所需的手段,而且还为文艺复兴及之后时代完成了锡耶纳为中世纪所作之事,尽管再做这些事有些太过无力且愚昧——即从事物的混乱中甄选并确定在现实生活中能够带来愉快与和平的那些图像与想象,以及以全新的意义处理业已变得太过常见的伟大主题,并不知疲倦地渴望制定新目标,在新制的形式中载入新感受到的魅力。

詹蒂莱·达·法布里亚诺，《三王来拜》，1423，乌菲齐美术馆藏

翁布里亚画派对这个也许更像神职而非图画的任务保持着严肃的虔诚。它从未因为艺术本身而争取获得艺术。它不带任何形式感受,几乎不关心运动,只是现成地使用它们,不为其本身振奋精神的优点,而是将其作为完成图解者目标的手段,进而保持着浅尝辄止的状态。

翁布里亚艺术在它的第一位大师詹蒂莱·达·法布里亚诺身上清晰地(如果不是完全地)展现了自己。詹蒂莱的美感及色彩感受受到锡耶纳模板的熏陶,与佛罗伦萨艺术的接触助长了他的结构力量,又添加了热烈活泼的幻想,在这样的准备之下,他毕生致力于记录有关尘世幸福的中世纪理念,在它作为迷人的现实折射即将淡出历史之时,这种理念终于清晰完整起来(如理念的习惯一般)。英俊的骑士们与可爱的女士们、金制马刺、镶嵌宝石的锦缎、深红色的花缎,骑着皇家战马的华丽行列,在金色的天空之下前行,空中明亮的太阳凸显出迷人的山峰。所有脸庞都焕发出欢乐之光。他们为何如此快乐?他们已经从炼狱与地狱里萦绕心头的梦魇中醒来了吗?看起来是这样的,在撩拨其血管的血液中、在凉爽的微风中、在花朵的香气中他们深感欣喜。多么可爱的花朵!詹蒂莱甚至用它们填满了画框木制部分的角落与裂隙处,装点华丽的《耶稣显现》[*Epiphany*]。[1]

但在翁布里亚,詹蒂莱发现他的同胞都缺乏天赋,没有人能够继承他的衣钵(我们在他意大利北部的学生维托雷·皮萨诺与雅各布·贝里尼 [Jacopo Bellini] 令人瞩目的成就中已看到,他留下的矿物能构建出多么华贵的织物)。博卡提斯 [Boccatis] 孩童般的空谈虽盛行一时,但却是粗糙的,而这便是日渐式微的翁布里亚艺术能为詹蒂莱死后一代人展现的所有东西。可以想象的是,如果没有从佛罗伦萨突如其来的机缘巧合的援助的话,翁布里亚的绘画将似微弱的细流逐步流干。她在那边使其繁荣的并非是其最伟大的子孙,甚至都不是其中之一。贝诺佐·戈佐利到来了——就像许多罗马总督一般,在家乡属于第二或第三阶层,但在遥远的大不列颠或达契亚行省却成了光与生命的灿烂之源。贝诺佐不仅认识到隐藏在翁布里亚天才中的活动,以其为基础塑造此天才的模板使之繁荣,而且最好的是教会了翁布里亚人去佛罗伦萨寻求教导与启迪。

到目前为止,受贝诺佐激励而灵感觉悟的这些本地天才中最具天赋的是维泰博的洛伦佐,他虽英年早逝,但为其小镇留下了伟大的绘画作品。你在那里可以看到一个由其

---

[1] 指《三王来拜》一章。(编者注)

洛伦佐·达·维泰博，《圣母婚礼》（细节），1496，维泰博三一圣母院藏

绘制壁画的教堂——充满活力和想象力，满是辉煌的失败和更为辉煌的希望以及依旧伟大的成就。你很少会见证一个比其《圣母婚礼》[Marriage of the Virgin] 更为宽广的仪式现场了，它喜庆但庄严，满是庄严的人群、沉静的主妇与骄傲且享受生活的年轻人——这些人更适合做佩内洛普 [Penelope] 而非加利利处女的求婚者。

尼克洛·达·福利尼奥 [Niccolò da Foligno] 的确迥然不同，某些方面他是更为狭义的翁布里亚画派——事实上是佩鲁贾与其山谷的画派——的创立者，当然，他也是首位具有圣弗朗西斯同胞气质的画家，他充分显现了时而热情且暴力，时而神秘且狂喜的情感。仅作为一位图解者，尼克洛有着较高的地位。他以无可置疑的诚挚表现了信仰者狂乱的悲痛，那信仰者深思着基督的受难，直到他本人几乎感受到圣痕，介怀于圣母的悲痛，直到他同样被圣母痛苦的七道伤痕穿透。尼克洛的感受非常深刻，他毫不掩饰地表达了自己对哀伤的渴望，且没有作出任何妥协。结果便是，他与之后博洛尼亚人的目标完全相同，吸引了我们的注意力，甚至给我们带来某种苦痛而忧伤的愉悦感，而我们则

尼克洛·达·福利尼奥,《祭坛画》,1487,英国国家美术馆藏

不再带着不可言说的厌恶看向圭多·雷尼。之后的这些画家以最不得体的方式向肉体和魔鬼卖弄风情,甚至在他们将基督钉上十字架,或折磨处女殉道者之时。尼克洛则是一心一意的。你或许像不喜欢卡尔德隆 [Calderon] 一般不喜欢他,但他的力量是不可否认的,且他同样是一位艺术家——因为尼克洛并不缺乏对线条与色彩的感受,在处理运动的艺术时也不是矫揉造作的。

十一

最终我们来到了翁布里亚的首都佩鲁贾,这座小镇注定要为那个画派提供庇护,而在所有画派当中,这个画派最令人愉快且最为著名,并在艺术界最受欢迎的拉斐尔那里达到了顶峰。

尽管它有着极为宏大的天命，但佩鲁贾并没有特别受艺术天才的眷顾，否则它也不会让卡梅里诺的博卡提斯、弗拉·安杰利科、贝诺佐·戈佐利、皮耶罗·德拉·弗朗切斯卡与卢卡·西尼奥雷利提供需要的画作。从佩鲁贾第一位本土画家那里也得不到太多的预兆。作为一名艺术家，邦菲力 [Bonfigli] 的排名根本够不上尼克洛·达·福利尼奥，追随他的学生也在贝诺佐·戈佐利之下。他更依赖他人，但更多的是模仿，模板则是在他之前的弗拉·安杰利科与贝诺佐。他偶尔绘制精致的事物，天生就有一种令人着迷的感受力，而佩鲁贾之后正是凭此征服了世界。在邦菲力的祭坛画与常规作品中，或许可以看到一些在所有天使中都算得上最为清新且可爱的脸庞。他的色彩几乎常常带有些许金色，这在翁布里亚艺术中从未消逝。绘画中有一种感受要比迷人脸庞与漂亮的色彩更为本质，无论多么微弱，邦菲力都离这种感受相去甚远：当他尝试历史画构图时，没有任何一个堕落的锡耶纳人要比邦菲力更为唠叨且无力。在与佛罗伦萨进一步交流之前，至少对形式与运动有必要的了解之前，佩鲁贾人不可能完成这样的任务。

菲奥伦佐·迪·洛伦佐 [Fiorenzo di Lorenzo] 反复浸淫在佛罗伦萨艺术生机勃勃的潮流之中。在他职业生涯的初期，贝诺佐是他的灵感来源；而到了青年时期，他则加入了佛罗伦萨运动方面的大师安东尼奥·波拉约洛的画派；回到故乡之前，他又向卢卡·西尼奥雷利习得众多秘诀。刚从这些有益的影响中毕业，菲奥伦佐便绘制了一系列记录圣贝纳迪诺奇迹的嵌板画，我们被其中独属于翁布里亚的美、魅力及优雅所吸引而无法自拔，而清楚呈现这些特质的形式几乎都在表现佛罗伦萨的线条与运动感受。这些场景有着精致的文艺复兴宏伟建筑、通往高悬空中的翁布里亚山谷的饰有花环的凯旋门、浪漫的风景、可爱的女子及更为可爱的年轻人——高大、苗条、金发、秀美——乔装打扮的莎士比亚的女英雄们，这是多么令人迷醉啊！有着菲奥伦佐杰出笔触的其他作品，如佩鲁贾画廊的《基督诞生》[Nativity] 或装饰宝尊堂的《圣母领报》 [Annunciation] 以及受祝福的圣弗朗西斯的首次出现，作为图解作品在令人陶醉方面也丝毫不逊色，线条的繁重也没有减少。但此地无法改变的愚钝理念很快便开始在他身上施以影响，他也没有能够长时间地抵御它。艰难奋斗导致了夸张的画法，他只有在很长时间之后才受其学生成功的刺激，摆脱自我，再次完成了一件艺术作品——佩鲁贾画廊的《耶稣显现》[Epiphany]。

这些学生的成功是如此之大，以至于他们的名字直至今日都是艺术中最为人所知的，

菲奥伦佐·迪·洛伦佐,《圣母子与圣哲罗姆》,
1480,波士顿美术馆藏

他们便是平图里乔与佩鲁基诺。一开始他们的天赋几乎不存在差异，而到后来才逐渐清晰。他们两人几乎从相同水平起步，佩鲁基诺历经多年才通过与佛罗伦萨的频繁联系更新他的力量，平图里乔则从未在干枯的本土得到过这样的净化，单调传统的沉闷长袍一旦附着在他身上，外部世界生机勃勃的气息便再也没有对他产生更大的影响。

但平图里乔的先天禀赋是强大的，他的起步就被希望闪耀得眼花缭乱。在西斯廷教堂中，他使自己保持在 15 世纪最好的画家之列，甚至能够与波提切利比肩。文雅的感觉、可爱的女人与孩子、浪漫的风景、清晰的布置、辉煌的肖像全都尽其所能地吸引我们，并使我们愉快。随着更为艰难的任务被他仔细考虑后拒绝，没有什么事物能显示其更高层面的艺术活动了。我们懒散地将这些壁画当作精致的风俗画享受。我们会在他大多数早期作品中发现相同的特征——所有那些作品都是他在罗马不太匆忙地亲手创作。阶梯圣母教堂中那些天使的脸庞是多么的可爱！波吉亚公寓圣厅或波波洛圣母玛利亚教堂中的女人又是多么漂亮！每个地方的肖像都是那么辉煌，风景都是那么浪漫！此外，我们业已发现许多为意大利中部所独有的布局与空间感在早期锡耶纳艺术中是如此的显著——到目前为止我们还在佩鲁贾绘画中发现了这种值得注意的感受。我们想要在更为早期的画家或其他画派中找寻比平图里乔在波波洛圣母玛利亚教堂呈现的圣杰罗米布道的弦月窗画，在有限中更具空间感，其中人物放置得更好，建筑更为华丽地具有暗示性，且风景将更多的户外香气带进室内的场景，但却是徒劳无功的。同样徒劳的是，找寻比阶梯圣母教堂中《圣贝纳迪诺的葬礼》[*Funeral of St.Bernardino*] 更为丰富且豪华的庆典设置——一个更为宏伟的城市广场，使人能够更为自由地呼吸。

但如果纯粹的漂亮便能够如此好地使人愉悦，那么为何更加漂亮的脸庞、更为辉煌的装束、每平方英尺的周围环境更为浪漫，便是更好的呢！平图里乔从未获得太多对形式或运动的感受，然而却在趣味与流行的压力之下，忘记了它们的存在，进而倾向于将其作品制成丰富且可口的"什锦菜"，更受到地方趣味的欢迎，而不是少数美食家的追捧。当如教皇亚历山大六世这样富裕且奢侈的半野蛮人成为其雇主之时，没有任何香料、佐料或调味品能被放上，你很快就会看到比波吉亚公寓里的作品更为华丽、更为野蛮的金制浮雕和无价的群青！

作为一名画家，我们现在可以让平图里乔受到应得的蔑视了。他之后的作品严格意义上来看完全是华而不实的装饰画，又倒退回这个世纪开始时最差的翁布里亚艺术之

平图里乔，《圣母子》，1490 或 1500，克利夫兰艺术博物馆藏

平图里乔，《在苏格兰国王詹姆斯一世面前的演说》，1502—1508，锡耶纳大教堂皮科洛米尼图书馆藏

平图里乔，《教皇庇护二世抵达安科纳》，1502—1508，锡耶纳大教堂皮科洛米尼图书馆藏

中——写下这句话的时候，我并没有忘记锡耶纳大教堂图书馆的著名壁画。这些壁画记述了后来伟大的写作者与外交官教皇庇护二世的生平及历险，让我想再深入谈一谈。作为人物绘画，它们几乎不能再差一些了。没有一个生物能站起来，没有一个躯体是存在的，甚至画中女性脸庞的美丽都因粗心、轻率与恒定的重复而变得令人厌恶。至于色彩，这些壁画几乎无法更花哨与廉价了。但它们还有着不可否认的吸引力。尽管它们在其他方面都很糟糕，但它们在建筑装饰方面几乎是完美的。雇主交给平图里乔一个不带任何奇怪面的椭圆房间，但他不知道该怎么做！在一个优美地以巧妙嵌入绘画嵌板涂以瓷釉的天花板之下，豪华的拱门宽敞地开在浪漫的风景画之上。你会感受到在庇护之下，被所有财富与艺术能够制造出的辉煌环绕着，但还感觉身处室外——且那种室外并不是无边无际真实的，而是划分出来的，其规模由框住它的拱门清楚呈现，符合你们天生具备的对宽敞的感受，但经过改进、延伸与协调，直到你感受到你终于可以在那里呼吸了，而仅有的气息也只会是音乐而已。在这个迷人的室外场景中，现在恰巧上演着某些游行与庆典，而不是让人印象并不深刻的小丑。但你已是如此适应，既注意到了没有任何事物是令人不快的，也如你所愿地将其看作是一个在春季清晨路过的乐队，而此时你自己

的脉搏也在随之起舞。

于是，关于平图里乔最后的论述便是他是一位伟大的空间建构者，即便他在这方面不及佩鲁基诺，不被拉斐尔至高统治的内部圣所所接纳，但他仍足够伟大到在其最差的拙劣画作中保持如此之多这般罕见且振奋人心的品质，如果你在分析自己乐趣方面不是太过敏感，你就会愿意发誓这些拙劣画作并不拙劣，而是最为珍贵的绘画作品。

十二

如果空间构图可以为平图里乔做如此多的事情，对佩鲁基诺或拉斐尔而言，空间构图能多做多少事情啊，他们拥有更大的空间构图掌控权！在他们身上收获显而易见，尽管他们不太能掌控人物艺术中最本质的品质，但他们很小心地不宣扬自己的失败，很少因为过于野心勃勃而尝试捍卫自己的力量。然而，撇开他们作为图解者的伟大之处，尤其是拉斐尔，他们作为艺术家唯一显著的优势便是空间构图，在此技艺中佩鲁基诺超越了所有前人，并真正做到力压后来者，除了他自己的学生拉斐尔。而拉斐尔本人甚至将佩鲁基诺都远远地甩在了身后。

但是这般闻所未闻的空间构图技艺是什么呢？首先，它完全不是一个被普遍使用的"构图"的同义词，而"构图"我认为指的是在一个既定空间中对物体的安排布局，能够满足我们对对称、和谐、紧密与清晰的感受。但所有这些布局都关于一个平面，以及一个理想中心的上下左右延伸——而非向内部——并且我们业已在杜乔的《多马的怀疑》中遇到了这项技艺的完美典范。空间构图与普通构图最明显的首要区别，是它并非是一种只被判断为是能够横向延伸或在平面上下进行延伸的布局，而是能够同时从深度上向内延伸。这是三维的构图，而非是二维的；是立体的构图，而不仅仅是在一个平面上的构图。尽管不那么明显，但空间构图甚至在其效果上与普通构图的区别更大。普通构图消减其元素，仅影响我们对图案的感受——其本身便是直接视觉感官与其精神效果的混合物，有着微弱的平衡作用，所设想的运动则更为微弱。空间构图则更有效。它立即在血管中枢系统产生效果——此处无法详述如何及为何产生的——对空间的每一处变化我们都会立即经历血液循环与呼吸的相应变化——我们知道这样的变化是对生命的提升或降低的感受。于是，空间构图的直接影响不仅几乎像音乐一般强烈，而且连引发的方式也如出一辙。因为尽管有许多其他因素参与了音乐作用的产生，但它的力量来源于自身血管伸缩在中枢系统中产生的旋转。因此画像常常如此被人感受，但至少据我所知，它在音乐与建筑之间从未被阐释过——建筑，不仅仅是更高级的木工业，本质上是一种空间构图艺术中最特别且最有力量的表现形式。

许多人会认同最后这句话，他们随后便会疑惑，绘画中的空间构图除非再现建筑，又如何能够占有一席之地。但一幅再现建筑的绘画从本质上来看并不比其他图画更像是空间构图作品。只有当我们获得一种空间感时，这样的艺术才存在；这种空间感不是作为一种虚空，也不是像我们通常所见的纯粹作为一种否定的东西，而是一种非常肯定且确定的东西，能够证实我们对存在的感觉并提升我们的生命感。空间构图是人性化空间的艺术，使其成为一个封闭的伊甸园，一个盖有穹顶的大厦，我们更高层次的自我最终在其中找到了住所，不仅令人安慰，满足我们的每日需求，也是我们中更快乐的人的家园，而且还是身临其境，与那些建构理想化生活的事物一样令人喜悦的。正如它以宏伟建筑的形式接近于音乐一般，空间构图在绘画中甚至更具音乐性，因为此处较少有纯粹物质堆叠的限制，以及它们对重量及支撑无法改变的模样。此处更多的是自由，较少的是确定，尽管没有什么是由任性的幻想决定的。而且这里有着看似更大的自由，更多乐器在演奏，将我们从紧张、痛苦的封闭自我中吸引开来，让我们溶解在呈现的空间之中，直到最后我们似乎成为它内在的、渗透的灵魂。

于是，绘画中的空间构图不是建筑突然崛起的竞争对手，而是其更为可爱的姐妹，是一门能够产生更加优美效果、更有魅力且更明确可以成功的艺术。它通过完全不同的方式产生效果。建筑包围且限制空间，这大部分是次要事务。绘制的空间构图则展开了框入的空间，加上的边界仅是理想化的天际而已。所有它使用的事物，无论形式是自然风景、宏伟建筑，甚至是人物形象，它都将其消减为它的侍从，以传达不受限制但并非是混乱的空间感。在这样的图画中，人们呼吸得多么自由——就好像胸前的重负刚被卸下，人们的感受是多么神清气爽、崇高与有力，又是多么平静，多么想要飘向那遥远的极乐之地！

刚刚描述的感受是我们中许多人在欢乐时分自然状态下的反应，也是我们在风景画中所期盼但太少拥有的。但空间构图与风景艺术之间的区别和建筑一样大。它可以通过宏伟的城市广场（我们确实在皮耶罗·德拉·弗朗切斯卡的绘画中感受到这一点）产生其效果，如果没有更好，也不会逊色于山峰的线条。它的成功既不依赖大气的微妙塑造，也不依靠复杂的光影学问。不但如此，这项艺术需要的纯粹灵敏、技艺与科学也少之又少，以至于倘若艺术家拥有这方面的感觉，并是在良好的传统中培养起来的，那么甚至最差劲的艺术家都能够获得一些成功：几乎无法发现一幅没有以其令人愉悦的空间广度赢得我们的青睐的翁布里亚绘画，尽管它在其他方面都很糟糕。如果我们的趣味真的在于艺术作品——不在艺术家及其疯狂、成功或绝望——我们便不会因为空间构图所需的灵敏与技巧要比现在实践的风景画要少而轻视它。相信我，如果你天生便没有空间感，那么世界上所有科学、所有工作都不会给你带来这样的感受的。而且如果没有这样的感受，便不会有完美的风景画。尽管塞尚 [Cezanne] 精致的塑形能力，赋予天空触觉值的完美程度可以与米开朗基罗赋予人物形体的触觉值相媲美，尽管莫奈描绘太阳普照大地与树木所有的脉搏一同跳动，我们仍期待着一门真正的风景艺术。只有在某位艺术家如塞尚般塑造天空，能够如莫奈般传达光与热，有着比肩佩鲁基诺甚至是拉斐尔的空间感之时，它才会到来。因为普桑 [Poussin]、克劳德与透纳 [Turner] 拥有许多这样的感受，不论他们在其他方面是否弱于我们这代人中的某些艺术家，他们仍是最伟大的欧洲风景画家——因为空间构图即风景艺术的骨骼与精髓。

十三

　　既然我们已经略知空间构图与建筑及风景画之间的异同，我们也理解了为何它在艺术中有其独特地位，我们便能够欣赏佩鲁基诺与拉斐尔的真正才能，反之我们便不可能这么做。然而，还有一点仍需注意，即正如我们一致认同的那样，空间构图让我们远离紧绷、痛苦的封闭自我，将我们融入被呈现的空间之中，直到最后我们似乎成为永存其中、弥漫其间的灵魂。换句话说，这门神妙的艺术能够带领我们离开自我，当我们被它的魔力控制，那是种与宇宙相通的感觉，甚至是作为宇宙之灵的感觉。这样的感受是如此自觉，以至于它仍是一种艺术直觉且是最具艺术性的直觉。它或许会将人带入进神秘主义的狂喜之中，但对于我们中那些既非是偶像崇拜者，也不是恳求者的人来说，这样的宇宙认同感是宗教情感最本质的东西——顺便提一下，这样的情感如爱本身一般独立于信仰与行为。那么现在让我们标注一下业已达成了什么样的结论。宗教情感，对于我们中的一些人而言，完全是通过对宇宙的认同感而产生，对其他人而言至少是部分地由这种认同感而产生；这样的感受转而能由空间构图所创造，随后这门艺术能够直接传达宗教情感——或至少是我们中许多人真正拥有的所有宗教情感，即便我们或许是优秀的教友。诚然，我几乎没有看到宗教情感还能通过其他什么方式直接由绘画传达的——提醒你，我没有说"再现"。

如果说空间构图是唯一具有内在宗教性的艺术，由于佩鲁贾画派是这门艺术的伟大女主人，那么我们便理解了为何佩鲁基诺与拉斐尔的画作能够产生宗教情感，而别人不能了。而且它在被创作出的时候宗教情感是如此强烈，以至于萦绕在普通人思想周围的困惑便是佩鲁基诺如何能够绘制出带有如此坚实宗教感的绘画，且他还是一位无神论者、一个罪犯。

如果我们的任务是在此论述艺术作品与艺术家之间的关系，那么需要指出的是，一个恶棍与无神论者可能会画出甜美且神圣的人，是因为他更喜爱生活中的他们，发现他们更容易成为受害者；画出了可爱、柔弱且纯真的女子，那是因为她们是更为珍贵且更纤巧美丽的猎物。他发现这些人更容易接近，他甚至狡猾到足够通过绘制图画唤醒那些照看他们的人，使其有意识偏爱神圣且精致的生活，进而加入他们的行列。所有这些都尤为令人信服，但此处至少不是必需的假设。佩鲁基诺正如我仅在现在说明的那样，通过其空间构图创作出了宗教效果。对于他的人物而言，我们仅需要它们不扰乱这样的感受即可，如果我们像理所应当的那样主要将其看作是空间效果中的建筑的一部分，那么它们很少或从未使我们烦恼。我们会将其千篇一律的姿态与表情评价为不像是戏剧中的人物，而是像如此之多的圆柱与拱门，并且肯定不会要求它们有着戏剧化的多样性。

并不是说佩鲁基诺作为一位纯粹的图解者就是可鄙的。远不是这样！他能感受到女性之美、年轻男子的魅力以及年长者的尊贵，很少被后人超越。在他画的所有人物中有着井然有序的礼仪、圣殿般的超然，这使它们与其他事物分离，不受影响且保持纯净。"含蓄"同样为其做了许多。他毫无疑问回避了暴力的动作，因为他感觉自己不能胜任这项任务——确实，他极少掌控过人物行走、踮脚跳舞时的动作，且这些人物从未站起来过。但他仔细地避免了不得体的情绪表现。他的《基督上十字架》[Crucifixions] 与《埋葬基督》[Entombments] 安静得多么令人振奋！寂静的空气无声，人们不再哀号；听不清的叹气声与怀念的样子便是所有事物。意大利最为血腥的小镇佩鲁贾在喧嚣、混乱与屠杀

皮耶罗·佩鲁基诺,《圣母子与圣约翰、圣巴斯蒂安》, 1493, 乌菲齐美术馆藏之后，这样的绘画必定会变得多么抚慰人心啊！可以想象男人、女人及孩子们奔走去观看它们的样子吗？生命还未如此自由于卑劣的处理与无意义的骚动之外，以至于我们可以放弃如佩鲁基诺带来的此般灵魂之阵痛。

然而，空间效果在其构图中扮演着如此重要的角色，以至于仅是说出它们的优点有多少是得益于其他因素变得十分困难。如果我们看看佩鲁基诺的一两幅肖像画，便能更为确定自己的判断。在年轻的《亚历山德罗·布拉切西大使》[*Messer Alessandro Braccesi*] 中，我们看到了图画中如此循环往复出现的类型，它失去了极少的佩鲁基诺的风格魅力，尽管此处没有美化的背景。甚至在乌菲齐美术馆有着最抚慰人心的特殊附属物的弗朗西斯科·德·奥普拉的肖像画中，佩鲁基诺通过向我们呈现整个文艺复兴艺术范围内最能够被阐释、最强有力刻画特性且最令人信服的脸庞，展现了他对图解的极好掌控——脸庞如此有力量，以至于风景中所有罂粟花的睡意都无法缓和其严厉。我们或许可以从他在佩鲁贾银行家会馆的自画像严格按照事实的自我欣赏中推断出其本性中真正有多少痴迷的感伤情调。

然而，正如佩鲁基诺作为图解者的才能而引人注目，我疑惑于我们是否应该仅因为这些才能而将其列入伟大的艺术家之列。它们不足以——如果真的已是纯粹图解曾达到过的最高高度——弥补感受上的缺陷，无论是形式的还是运动的，这样的缺陷如此糟糕，而且由于他如平图里乔一样再三与佛罗伦萨接触，这样的缺陷同时还是足够令人难过的。但是他作为一位空间构图师其魅力又是如此强有力，以至于我们从未将其人物严格看作是人物——或者说如果我们这么做了，我们便是错误的。因为与它们争吵的不明智程度不亚于费尽力气向庄严的音乐说出愚蠢的词语。这些人物随着他的变老而越来越差，最终当米开朗基罗的启示业已盘旋于艺术上空之时，佩鲁基诺便完全从进入艺术家之列的努力中退休，不再前往佛罗伦萨，遗失了他曾经拥有的对人物及裸体像的感受。但是他无法丢掉空间感，不但如此，当他不再把精力浪费在努力绘制人物上——这种努力与他的天性相悖——他释放了自己本能的冲动，这种空间感受的力量也随之增强。他的努力与他生命中最后的岁月为翁布里亚群山围上他金子般艺术的花冠，在许多路边神龛的墙壁上留下了不可言喻的天空与地平线。

现在让我们更近距离地看看佩鲁基诺的一些构图。他最早的作品中有一幅壁画在西斯廷教堂，绘制的是《基督将钥匙交给彼得》[*Christ Giving the Keys to Peter*]，其中他将

皮耶罗·佩鲁基诺,《基督将钥匙交给彼得》,1481—1482,梵蒂冈博物馆西斯廷礼拜堂藏

皮耶罗·佩鲁基诺,《在圣伯纳德面前显现的圣母》,1493,慕尼黑老绘画馆藏

更多注意力放在结构之上,之后你不会发现他再这么做。犹如奇迹一般,几个人踮着脚站着。然而,请注意,这些人既不是基督,也不是使徒——皮耶罗毫无疑问能照本宣科地画他们——而是他自己朋友的肖像。犹如是为了解释这个奇迹一般,他在最左边已经加上了他自己,站在卢卡·西尼奥雷利的旁边,随后佩鲁基诺也正是从他身上获得了灵感。然而,你不会发现这些人物甚至都通过其触觉值或运动的方式被提升了生命感。而且贯穿于这幅壁画之中,佩鲁基诺的人物不比平图里乔的更具有吸引力,构图也不比除波提切利之外如科西莫·罗塞利 [Cosimo Rosselli]、吉兰达约这些轻视运动的佛罗伦

皮耶罗·佩鲁基诺，《弗朗西斯科·德·奥普拉肖像》，
1494，乌菲齐美术馆藏

皮耶罗·佩鲁基诺，《自画像》，1497—1500，佩鲁贾银行家会馆藏

萨平庸之才的壁画要好。同样是在西斯廷教堂的绘画中，佩鲁基诺的作品确实不是最令人不快的。不但如此，还有更为欢乐的吗？正是这幅壁画金色且快乐的色彩、人群的优美律动与最为重要的活跃的空间感赢得并保持住了我们的青睐。我们的注意力首先落在前景的人物身上，与巧妙镶嵌着花纹通向目的地的路面形成对照，即刻显示出与自然界的广阔无垠而不是人之渺小相媲美的尺度。这些人物也没有拥挤在广场上，而是远离广场。这个广场广阔、宽敞、令人愉悦地空旷，在肯定是相同类型的人群之外向内向上延伸，但被距离刻画得渺小，直到地平线的这个边缘，你的眼睛停留在有着高耸圆屋顶与通风门廊的神庙之上，整体与前景中的人物比例如此协调，与路面的远景是如此和谐，以至于你感觉处于天空的穹顶之下，不是被关在而是自由地身处户外空间的广阔之中。整体效果完美地被神庙与前景确定，这个理想化半圆的轴线恰好穿过前者，而后者显示出了圆周。将其看作是一个球体，你便被迫感受到如存在于你和这幅画之间、圆屋顶之上与之外的许多空间。

我们没有时间如此详述佩鲁基诺的其他绘画。但有一些是一定不能一笔带过的。阿尔巴尼多联画的效果在其温暖中又是多么的凉爽！它的空间延续在多个嵌板之中，感觉如同美丽的拱门延伸至令人着魔的距离，唤醒了新鲜与芳香，为你带回那些夏日清晨获得新生的时刻，片刻间你便体验到了天堂般的感觉。单是现藏于罗浮宫的佩鲁基诺绘画，便有四幅有着这般珍贵的梦幻夏日：比忒俄克里托斯更多田园牧歌风格的《阿波罗与玛尔叙阿斯》[Apollo and Marsyas]；皮耶罗之后几年所作精致小作《圣塞巴斯蒂安》[St. Sebastian]；两幅较早期的作品：包含着圣母与守护者圣人及天使的圆形画作，所有人物都被浸泡在天空之色当中，在狂喜之中虚度着灼热的夏日午后。最后还有大幅画作《圣塞巴斯蒂安》[St.Sebastian]，圣塞巴斯蒂安被框在一个通往伊甸园的拱门之下，不像外光派绘画一般测量着由点到无限的距离，而是像在伊甸园中的人会做的那样，占据主导地位，高耸于地平线之上。正是这般将人类提高至风景之上的做法，不仅证明了绘画的合理性，而且使其变得伟大，否则便会如佩鲁贾银行家会馆的壁画般无力——甚至是其中最弱的，你会看到两位可爱的女子，除其象征为"意志的力量"与"节制"之外，无法辨认，以及她们下面的地面上心不在焉、无精打采的漂亮骑士及队长，依旧难以辨认这些美德的著名典范，但在其与风景之广袤的联系中它们还是宏伟且壮观的。不论某种程度上憔悴的忧郁，国家美术馆的三联画要更好一些，其金色是柔和的，崇拜的圣母则比

皮耶罗·佩鲁基诺,《阿波罗与玛尔叙阿斯》,1495,罗浮宫藏

皮耶罗·佩鲁基诺，《圣塞巴斯蒂安》，1495，罗浮宫藏

则比自然更为美丽，歌唱的天使将他们飘浮着的天空变为教堂的拱顶。没有了翁布里亚山谷上宏伟建筑的转化力量，再现慕尼黑嵌板画《在圣伯纳德面前显现的圣母》[*Virgin Appearing to St.Bernard*] 的价值会是什么呢？除了令人振奋的天空与抚慰人心的距离之外，是什么在佛罗伦萨拖住了你前往巴齐的圣母玛利亚·玛德莲娜教堂的脚步？

十四

　　现在我们与现代艺术中最著名且最受人喜爱的名人拉斐尔·桑蒂面对面。在过去的五个世纪中有很多更伟大的天才。米开朗基罗更为宏大且更具力量，莱昂纳多一度更为玄奥且精致。在拉斐尔身上，你从未获得过如乔尔乔内一般的甜美世界之趣味，也没有提香与委罗内塞般的骄傲与辉煌。我此刻想起的只有意大利的著名艺术家——如果我们选择越过阿尔卑斯山脉，那会有多少其他艺术家啊！——仅作为图解者，他能与这些艺术家匹敌：因为在人物绘画更为本质的问题中，拉斐尔时时刻刻都在伟大的佛罗伦萨艺术家之列，他也没有如威尼斯人一般为世界染上不可磨灭的绚丽色彩。如果你以衡量波拉约洛或德加的标准衡量他，你会很快把他判定为被严重镀金的平庸之才，因为即便不是对他的思想，仅就运动与形式对于他的气质而言，也如它们曾对于族长般的先驱杜乔一样令人反感。筛选归到他名下的大量素描，直到正确无误地将他的作品数量降至极少，之后你还会冒险将这么少的作品列入最伟大制图师的作品之列吗？或者看看他的《埋葬基督》[*Entombment*]，那是唯一一个他试图将构图完全处理成每个庄重的人物绘画应该的那样，因为它或许是被创作出来赋予触觉值与运动感的。你看那可怜的生物，最温驯且有耐心，辛苦劳作来获取其脑袋理解但内心感受不到的事物——力量的直接传达。结果便是或许为人所见最无教养的"学园"之一，至少在那存放获奖的图画的停尸房之外，即巴黎美术学院的奖状陈列室是这样的。

　　永远准备好学习，拉斐尔经历了一个又一个极具影响力的艺术家。谁没有被他追随过？蒂莫泰奥·维蒂 [Timoteo Viti]、佩鲁基诺、平图里乔、米开朗基罗、莱昂纳多与弗拉·巴尔托洛梅奥以及最后的塞巴斯蒂安·德尔·皮翁博。从最后提到的姓名开始，桑蒂随后便到达了其职业生涯的巅峰并获得了成功，他谦逊地努力获取那些甚至是威尼斯二流画家能够教会他的魔幻色彩的强效秘密。尽管他学得很好，但在这门艺术中翁布里

拉斐尔·桑蒂，《埋葬基督》，1507，罗马博尔盖塞美术馆藏

亚人永远都如其曾是的那样是威尼斯人的远房表弟，他只获得过两次色彩上的标志性成就：再现《博尔塞纳奇迹》[Miracle of Bolsena] 如纯粹绘画般辉煌的壁画，以及灰色的精致习作《巴尔达萨雷·卡斯蒂廖内肖像画》[Portrait of Baldassare Castiglione]。但除了委罗内塞的壁画或提香的肖像画之外，这些又是什么呢？在其最为罕见的最佳状态，拉斐尔作为一位色彩大师，从未超越过塞巴斯蒂亚诺。

那么我们是否要留心对形式及运动的卓越掌控，或者留心色彩及纯粹绘画的伟大品质，因为拉斐尔必定将会使我们失望的。但是他有其他可以成功赢得我们注意力的地方——他与生俱有的视觉想象在范围、广度与神志方面从未有人匹敌。当他被人超越之时也仅是在某一个方面，且是被更具天赋的艺术家超越的。因此当形式因其本身的原因而被自然主义者及必不可少的艺术家恢复之时，当至少是意大利世界中的视觉想象业已经历某些线性的由中世纪变为此后对我们所有人来说是现代的转变之时，当文艺复兴的理念在一个不可言喻的瞬间完成时，拉斐尔过滤并使所有经过他而成为他的东西变得清晰和纯粹，他为自己设定了一个任务，即用这些图像赋予现代世界，无视近年来动荡的反叛与阴郁的脱离，而为众多有教养之人的精神理念与精神抱负赋形。"像拉斐尔的圣母一样优雅"在欧洲最有艺术细胞的人群中仍然是能够给予女性之美的最高赞赏。事实上，人们应该在哪儿寻找比他的《圣母子》[Granduca Madonna] 更伟大的纯洁、更彻底的美丽呢？或者应该在哪发现比西斯廷教堂中更庄严的女子幻影呢？是谁如一个男孩一般阅读他的荷马、他的维吉尔或者他的奥维德，做着梦、幻想着愿景，却发现他们在《帕纳索斯山》[Parnassus] 中已被实现了一千次！谁曾拥有在高贵环境中智慧对谈的理想，却带着渴望欣赏着《圣礼之争》[Disputa] 与《雅典学院》[School of Athens]！《伽拉忒亚》[Galatea] 曾萦绕于你左右吗？告诉我，自从你看她被拉斐尔画在特里同与海中宁芙之间，她没有赋予你一千倍的生命、自由与清新吗？古代本身在人物艺术中并未留下如此兴高采烈的、完整的、最优美想象的化身。

我们去拉斐尔那里，因为他给我们向往的古代披上了美丽的外衣，只要古希腊罗马的世界为我们留存了我所热忱祈祷它延续的东西，不仅是一个单纯的现实，而且是一种崇敬和渴望，那么，在这样的一段时间，我们便会像阅读古希腊与拉丁诗人的作品一样，以拉斐尔本人或基于此的想象陪伴他们。我们会如拉斐尔一般如此长久地看着它——一个清晨鸟儿永不会停止歌唱的世界。

那么，拉斐尔立即成为并永久保持着最受人喜爱的艺术家之名是何等的奇迹！一位把最高贵、最优秀的事物归功于古典文化的世界，最终找到了它的艺术家，一位以超越其自身最高构想的形式使古代具体化的图解者，终于满足了它最崇高的愿望。我们可以说，拉斐尔是人文主义者的大师级艺术家，也是在他留下的经典作品中成长起来的人的艺术家。

但是在我们的文明中有着另外一个元素，虽然在我们有意识的智性生活中确实不那么重要，且对于图绘想象而言不那么有趣味，据说它在道德上更为优越、诗意上更为宏

拉斐尔·桑蒂,《博尔塞纳奇迹》,1512—1514,梵蒂冈博物馆藏

大——我指的是所有从《旧约》与《新约》中流传给我们的希伯来元素。桑蒂这里同样为沉静的希腊化精神完成了使我们自此受益的任务,他给希伯来世界带去了希腊化的装束。在拉斐尔完成或主管或至少是受启发的图画中,他完全图解了《新约》与《旧约》,这些图解有着如此多的魔力,以至于它们渗透进了社会的最底层,不是一个而是一千个蒂索才会将人民从它们那里赢走。而且拉斐尔在这样的意象中为我们给希伯来世界穿上了新衣,它们已不再像维吉尔的意象那样是希伯来的了,当狮子与羊羔躺在一起的时候,它们歌唱着万物的新秩序。拉斐尔所引发的非同寻常的结果便是当我们甚至是阅读希伯

拉斐尔·桑蒂,《帕纳索斯山》,
1509—1510,梵蒂冈博物馆藏

拉斐尔·桑蒂，《雅典学院》，1509，梵蒂冈博物馆藏

来经典之时，会以希腊化意象的伴奏进行阅读。他在现代文化中有着什么样的力量使唯一能够阻碍它的影响希腊化了！如果你知道我所说事例的证明，看看凉廊，看看为挂毯而作的草图，看看马卡托尼奥 [Marcantonio] 的版画，尤其是看看皮蒂宫的《以西结的幻象》[Vision of Ezechiel]。它是否是以此方式表现耶和华向其先知显现自身的？宙斯向索福克勒斯显现是否就不是这样的呢？

拉斐尔将基督教所有高贵的柔情与人类的崇高、古代世界所有迷人且具有启迪意义的美奉若神明，其形式是如此灿烂，以至于我们在任何时候都会回到它们那里更新我们的灵感。但是他难道没有同样给予我们理想之美吗？佛罗伦萨人作为人物艺术家太过伟大，威尼斯人作为色彩及涂绘大师关注不同于图解的艺术元素，这些元素与我们在生活中称之为美的东西一样无关紧要。"美丽的女人"倾向于成为真正艺术家所认为的坏主题——如果真的可能的话，绘画中的这个主题极难呈现形式或线条。如此一个女人，虽在生活中可能是快乐的，且或许在伦理与社会上是最令人向往的类型，却倾向于成为艺术中粗俗的彩印图画。在我们这个时代，作为纯粹图解者的——或者说至少对此有影响

拉斐尔·桑蒂,《伽拉忒亚》,1511,
罗马法尔内塞别墅藏

拉斐尔·桑蒂，《以西结的幻象》，1517—1518，皮蒂宫藏

的——艺术家们付出大量努力去改变理念，但他们试图使听天由命且病态的女子流行，尽管对厌烦了健康及美丽动人的趣味而言是有吸引力的，但其本身并不比其他主题更具艺术性。所以我们的双眼及欲求依旧回归到了拉斐尔的美之类型——这个类型已使欧洲心驰神往了四百余年。单是作为艺术家还不足以能够不带美地创作，作为锡耶纳美感的后嗣，被佛罗伦萨理念强有力地控制而被他们抑制且净化的艺术所引导，桑蒂创作出一种类型，即费拉雷塞的构图，意大利中部与佛罗伦萨对女性之美的设想，没有其他人做到这一点，它在生命的本能需求与艺术更为有意识的需要之间插入了一种令人快乐的方式。他几乎在其年轻人与老人的类型中取得了相同的成功——确实除了莱昂纳多之外没有人曾构想过任何更优美或更高贵的类型。或许只有在成年男子的类型方面拉斐尔才太过薄弱——但我也并不确定。

有一个惊喜在等着我们。我们幻想这位画家的气质有些慵懒，他所呈现的西方之国、田园牧歌式、维吉尔的理念在其选择之时在其构想中便会变得不仅宏大——我们业已知晓——而且严峻又冷漠，并且摆脱了任何旨在保存阐释他面前客体构想的引导。实际上，拉斐尔的肖像画除了如实呈现灵魂与肉体之外并无什么卓越之处。它们甚至在字面意义的真实性层面都是如实的，在敏锐的光线中被人感知，但又将其置于星群之间智慧与艺术的融合能量重构。我们需要引用实例吗？在脑中呈现尤利乌斯二世签字厅中的众多肖像画，马德里一位年轻红衣主教半身像带着残酷的优雅，纳瓦格罗与比扎诺和蔼的脸庞，利奥十世残忍却不令人厌恶的趋炎附势，还有所有肖像中最好的，一位年轻的罗马主妇威严的肖像画——就像是科妮莉亚必定看过的——为人所知的皮蒂宫的《戴面纱的女子》[*La Donna Velata*]。

十五

拉斐尔是一位招人喜爱的图解者，也是有史以来我们最喜爱的画家，但这就是拉斐尔的全部优点吗？随着那个世界的消失，我们今天生活的世界是古代与文艺复兴的产物，随着无限的联系之链被打破，其中每个连接点都有着使我们欣喜若狂的力量——如果暴民政治在我们中间盛行，不像法国大革命时期被崇高的流行语束缚，而是最终说服人类只依赖面包为生；或者，更糟糕的命运是，在欧洲与亚洲超过三个世纪但仍未一锤定音

拉斐尔·桑蒂,《戴面纱的女子》,1516,皮蒂宫藏

的斗争中，如果弱小的欧洲最终抵挡不住野蛮人，那么另外一种文化是否会一跃而起？它的人民能否欣赏艺术？他们会在拉斐尔身上发现什么（如果他的作品奇迹般地幸存了）？对他们而言，拉斐尔的意义最多不过是一名图解者，就像中国与日本的伟大画家对于我们而言也只是作为纯粹的图解者而已。他既不会体现他们的理念，也不会表达他们的愿望，更不会在他们的脑海中召唤出微妙的欣赏感受、感情和梦想。从热情洋溢的孩童岁月开始，他们的思想便被囚禁在其无意识自我的边缘，需要艺术家将其取出放到阳光之下。他们可以欣赏拉斐尔，只是像我们一样尽管不知道任何关于中国与日本的神话、诗歌或历史，仍在这些国度的艺术中获得愉悦感——将它们当作纯艺术，不受任何意外和环境的影响，仅限于提升我们生命与精神过程的神圣使命之中。那么作为纯艺术，他们会在拉斐尔身上发现什么卓越之处呢？比如那些拥有足够智慧继续追寻的人，尽管他们发现他缺乏对人物艺术而言本质的优点，同样缺少成就伟大手艺人的天赋，他们最终会看到拉斐尔·桑蒂是欧洲直到 19 世纪末诞生过的最伟大的构图大师——无论是布局还是空间。

我们已经知道什么是空间构图，此处不需要再做讨论。如我们之前欣赏佩鲁基诺的某些作品一样审视拉斐尔的几件代表作品便已足够。我们会在他的《圣母的婚礼》[Sposalizio] 中发现拉斐尔显现了最早或许也是最优美的天赋。从本质上来看，它是一件空间构图作品，是我们研究过的西斯廷教堂佩鲁基诺壁画的变体。前景中有着相同的人群，相同的中景，地平线同样在圆顶神庙结束。要素与原则仍保持原样，但内在的精神却不一样。更微妙的空间感、更精致，甚至在某种程度上过分的讲究给这幅《圣母的婚礼》注入一种从未在佩鲁基诺壁画中出现过的芳香与新鲜感。在青年桑蒂的画作面前，你会感受到一种变化的强烈伤感，就好像在空气清新一尘不染的清晨，你突然发现自己来到了一个更加美丽的世界，可爱的人们正在参加一个豪华庆典，在他们之外，和谐的距离一条线一条线地延伸到地平线的边缘。

我们将佩鲁基诺伟大壁画的空间效果比作是一个天空的穹顶，但如果你不仔细地欣赏，或许就会将它忽视。拉斐尔可能对自己寻找的东西更有意识，创作出一个相似但清楚无误且更为宏大的效果。看那签字厅中庄严的神之显现的《圣礼之争》。在奥林匹斯山顶，众神与英雄们聚集在议会厅之上。他们的排列方式使最明显的建筑也无法更好地暗示出穹顶的深度与圆度，但没有一座建筑的穹顶能够如此好地传达出一种浩瀚而又相

拉斐尔·桑蒂，《圣母的婚礼》，1504，布雷拉画廊藏

皮耶罗·佩鲁基诺,《圣母的婚礼》, 1502, 法国卡昂美术馆藏

拉斐尔·桑蒂,《圣礼之争》,1509,梵蒂冈博物馆藏

称的感觉,不但如此,我们不会说是空间的交叉。这比普通的自我更伟大,更纯净,人们在这里会感受到更多蜕变!

　　《圣礼之争》中形式的意图是高贵的,在拉斐尔最好的作品中常常如此。但是,想想它们周围宽敞的环境。从他们身上散发出的庄严高贵与荣耀都变成了什么?它像神的神性一般消失了。另外一幅壁画《雅典学院》会因这样的处理而承受更多。我们有一张这个主题的草图,仅有人物,我们还拥有拉斐尔的绘画作品。单纯的人物是多么普通与

拉斐尔·桑蒂,《圣母子》,
1505—1506, 乌菲齐美术馆藏

平庸, 在那些几乎是有史以来被构想出的最宏伟的崇高拱门的衬托下, 它又发生了如何
变化! 不仅是画中人物, 就连你自己都变高贵了。在这般更轻盈且更纯净的空气中, 你
感觉到自己多么像一位半神!

　　对一个小房间而言这是多么好的装饰! 在这个容积近乎苛刻且不能吸引装饰者的房
间里,《圣礼之争》《雅典学院》《帕纳索斯山》以及《正义》[Justice] 占据的纯粹空
间带来了伊甸园的一切, 人们在其中不会有肮脏的关注点, 不会有斗争, 只会全神贯注

梵蒂冈博物馆拉斐尔室签字厅天顶

拉斐尔·桑蒂,《所罗门的审判》,1508,梵蒂冈
博物馆藏

拉斐尔·桑蒂,《正义》,1508,梵蒂冈博物馆藏

拉斐尔·桑蒂，《金翅雀圣母》，约 1506 年，乌菲齐美术馆藏

拉斐尔·桑蒂,《草坪圣母》,1506,维也纳艺术史博物馆藏

于思想与艺术。

拉斐尔不仅是我们曾经拥有的最伟大的空间构图师，还是更通常意义上群像与布局方面最伟大的构图大师。在我们离开签字厅之前，再看看那《圣礼之争》。注意主持者周围人群的平衡，以及所有指向他的线条的流动。你的眼睛必定会停留在上面。或者在《雅典学院》中看看所有事物是如何向柏拉图与亚里士多德聚集的，他们对着站立的远处作为框架的拱门进一步提升了效果。这正是我们在杜乔《多马的怀疑》中发现的效果，但在这里规模几乎是广阔无边的。在同一个签字厅的天花板上是《所罗门的审判》[Judgement of Solomon]。你曾看过比这更好的填充空间、更为清晰的布局与人群、更好的平衡吗？你或许在法尔内西纳看到类似的效果，凹面球形的三角充满了各种各样心灵冒险的绘画，令人赞叹，以至于你会将其想象成正在逝去的开幕场景，而不是处理几乎难到令人无望的尴尬空间。

但是填充这样的空间或许是困难的，没有任何一个任务难于处理一组群像或者仅是一个人物，使其完美地支配所掌握的空间，这个空间不会变得太过抽象、概要且固定，但会显示出自由，并唤起一个满是空气与阳光的环境。当看着《圣母子》之时，你有没有注意到其中圣母形象整体都不在那里？布置是如此完美，以至于注意力完全被头部的群像，以及圣母被布帘遮盖的臂膀与圣子身体之间的平衡吸引。你被禁止自问这些形象是如何终结的。观察它是如何维持轻松的、平衡的，将其包含在内的图板大到不带拥挤，不带对其他事物的空间暗示。

尽管单个群体完美地填满了一块图板也能是十分令人愉悦的，但是当一组群像支配着一幅风景画时，愉悦感会更多。为了达到这样的效果，拉斐尔做了许多尝试，如《金翅雀的圣母》[Madonna del Cardellino] 或《草坪圣母》[Madonna del Prato]，但他仅有一次获得了最为重要的成功——《美丽的女园丁》[Belle Jardiniere]。你可以在画中看到对人物外光处理 [plein-air] 的完全否定。圣母在一个半球形的天空之下，并将其完全填满，如《圣母子》图板一般精细，但此处它是整个户外、整个宇宙，是一个超然于此的人。它显示的尺幅是何等之大！当然，这里给出了人类与环境之间的精神联系，这是人能感受到的唯一方式，除非他因腐朽变得野蛮，或因科学而变得没有人性。并非是人的知识而是人的感受与艺术息息相关。其他所有事物都是科学。

拉斐尔·桑蒂，《美丽的女园丁》，1507—1508，罗浮宫藏

十六

简言之，拉斐尔不是米开朗基罗、莱昂纳多、委拉斯贵兹甚至是伦勃朗意义上的艺术家。他是一位伟大的图解者与空间构图者。但他所获得的成功即他的毁灭，因为在他短暂生命的最后几年中，他被迫匆忙地创作，主管一大群助手，很少有空闲思考，他感到压力太大，要么不能创作出图解的效果，要么无法得到空间—构图的效果。所以他后期的大多数作品都缺乏这两类艺术的特质，而他曾天生是这两类艺术的大师。

如果他已是如此，那么他的学徒与代笔者会多么糟糕！他们在匆忙与混乱中长大，没有一个人拥有作为图解者或空间构图者的天赋，实际上，还有什么比他们的作品更令人厌恶的呢？他们没有一丝空间感，连佩鲁基诺最差劲的直系追随者都不会对此感到满意；没有一点令人愉悦的色彩，连最中庸的威尼斯人的色彩都能将我们从他们身上吸引开。难怪我们遗忘了朱里奥·罗马诺 [Giulio Romano]、皮耶里诺·德尔·瓦加 [Pierino del Vaga]、乔凡·弗兰切斯基·彭尼 [Giovan Franceschi Penni]、米开朗基罗·卡拉瓦乔 [Michelangelo Caravaggio]，还有他们卑劣的追随者。这是他们应得的。

但是当我们想到意大利中部的艺术家的时候，不要让这些名字浮现在脑海之中，相反，出现的应是一群伟大的图解者、人物艺术家、空间构图者的荣耀之名，引领这些名字的天才们是杜乔与西蒙·马提尼、皮耶罗·德拉·弗朗切斯卡与西尼奥雷利、佩鲁基诺与拉斐尔。

图书在版编目（CIP）数据

文艺复兴的意大利. 佛罗伦萨及中部画家 /（美）伯
纳德·贝伦森著；李骁译. -- 上海：上海书画出版社，
2023.3

（贝伦森艺术史）

ISBN 978-7-5479-3045-8

Ⅰ. ①文… Ⅱ. ①伯… ②李… Ⅲ. ①画家 – 列传 –
意大利 – 中世纪 Ⅳ. ①K835.465.72

中国国家版本馆CIP数据核字(2023)第078041号

文艺复兴的意大利：佛罗伦萨及中部画家

（美）伯纳德·贝伦森　著　李骁　译

责任编辑	黄坤峰　吕　尘
审　读	雍　琦
校　对	郭晓霞　田程雨
整体设计	云水文化　项梦怡
封面设计	刘昊星　陈绿竞
技术编辑	包赛明

出版发行	上海世纪出版集团 ③上海书画出版社
地　　址	上海市闵行区号景路159弄A座4楼
邮政编码	201101
网　　址	www.shshuhua.com
E－mail	shuhua@shshuhua.com
印　　刷	浙江海虹彩色印务有限公司
经　　销	各地新华书店
开　　本	787×1092　1/16
印　　张	13.5
版　　次	2025年1月第1版　2025年1月第1次印刷

书　　号	ISBN 978-7-5479-3045-8
定　　价	120.00元

若有印刷、装订质量问题，请与承印厂联系